山陰の民話とわらべ歌

〔改訂版〕

まえがき

ここに収めた伝承文学の資料は、私が以前、山陰両県の古老を訪ねてお聞かせいただいたものであり、昔話については月刊誌『松江川柳番傘』に連載したものを参考にし、わらべ歌については朝日新聞島根版に連載した『山陰のわらべ歌』の中からいくつかを選んだ場合が多い。そして最初に民話（昔話、伝説など）を配し、次いで手まり歌、子守歌などのわらべ歌の二分野で構成している。それらはいずれも、最初に島根県出雲、石見、隠岐各地方、次に鳥取県東部、中部、西部の各地方の順に配列しておいた。この順番については特別の意味はなく、普通、このような順で述べられることが慣例なので、それに従っただけである。

ところで、いずれも長い歴史を通して伝承されてきたこれらの話や歌には、祖先の人々の子孫に対する暗黙のメッセージがいっぱいつまっている。そのようなことをしっかり汲み取っていただきたい。

なお、旧版はハーベスト出版から出したが、同社の了解の元で装いを改め、出版社を変更した。

また、福本隆男氏のご好意で全面的にイラストを改め、新たに二次元バーコード（QRコード）をつけた。スマホなどでそれを開けば、収録当時の伝承者の声が聴けるようにした点も新しい。読者もご理解の上活用いただきたい。

終わりに、出版事情の厳しい現今の中を快く引き受けてくださった今井出版に心から感謝したい。

二〇二一年（令和三年）四月吉日

酒井董美（ただよし）

目次

わらべ歌編

コラム

表紙・イラスト　福本隆男

昔話編

伝承文学収録のきっかけ

私は中学校教師として社会人のスタートを切った。初任校は浜田市立三隅中学校（当時は那賀郡三隅町立）だった。国語と社会科の免許を持っていたので、これらの授業をするのに地元の教材を役立てることを考えた。そして思いついたのが、校区周辺の古老を訪ねて民話を録音し、それを授業でも活用することだった。最初の訪問は昭和三十五年（一九六〇）一月である。三隅町古市場の新田幸一さん（当時六十八歳）、西田ヨノさん（同七十三歳）、西田丈一さん（同六十八歳）、同町鹿子谷の山川テルさん（同六十九歳）などからうかがったものである。携帯録音機（テープレコーダー）が出始めたばかりで、古老のみなさんも自分の声をその場で聞くという経験は、まだなかった時代であり、すぐに声を再生して聞いていただくことで、とても喜ばれたことを思い出す。

中には民話（昔話）は覚えていないが、田植え歌や臼挽き歌などの労作歌なら知っているとか、手まり歌や子守歌ならうたいましょうか、など言ってくださる方もいたので、喜んでお願いしたものである。それらの録音は約一万近くになり、消さずに大切に保存している。島根県のものは出雲市大社町の県立古代出雲歴史博物館に寄贈し、そこでは全てをCD化している。鳥取県の資料は鳥取県立博物館でMD化され、保管されている。

金の犬こ

金の犬こ

仁多郡奥出雲町下阿井

とんと昔があったげな。

村一番の長者さんがあり、そこにはまた村一番の美人のお嬢さんがいましたが、何回よそへ嫁がれても必ず帰られます。そこで、長者が占い師を迎えて見てもらわれたところ、

「占った結果、ここのお嬢さんはごく苦労していて、一文もないところへ嫁に行かれれば縁があります」。そう占い師が言いましたので、長者は怒ってしまい、お嬢さんを家から追い出してしまいます。お嬢さんもその言葉を聞いていたから、

「さて、そうすれば一番難儀しているというところは、どこかなあ。そうだ、隣村に吾一という、ほんとに何も持たないで難儀しておる者が住んでいるが……」。

お嬢さんはその家へ、とびこみました。

「吾一さん。おまえは、私を嫁にもらってくださらねばいけませんよ」。

「おそれいります。大家のお嬢さんなど、私の家のような何もないところへおいでていただくことは、とてもできません。だから、断わります」。

「今夜一晩ほどでもよいから、どうか嫁にしてくれ」。

吾一はとうとうそれに従いまして、一晩嫁にします。二晩嫁にします。お嬢さんは一生懸命朝から晩まで働かれます。

そのうち年の暮れになりましたので、吾一は長者の家へ歳暮に行こうと思いました。吾一の家の後ろの高いところに、榎の枝のついたのがありまして、それの枝をおろして杵をこしらえます。その杵は餅搗き杵であります。そうして、吾一はできあがりましたものをかついで、大きい川を渡って長者の家へ行きまして、歳暮の言葉を述べました。長者は、

「こんな卑しい者はここへくるものではない。何もいらないから、おまえはすぐ帰りなさい」と言います。奥を見ますとたくさんのお客さんがもてなしを受けておられますが、そういう言葉でしたから、吾一はその杵をかついで帰ります。

吾一は大きい川のほとりまでやって来ました。そして橋の上を渡るときに、橋の上から杵を投げて、こう言いました。

「これは竜宮界の竜宮さんに歳暮にさしあげます」。

そうしてうちへ帰り、お嬢さんに一部始終を話します。

「まあ、それだからあなた行きなさんなと言って止めたのに、気の毒でした」。

そのようにしているうちに正月が来ます。そうして、正月の松飾りも吾一さんは熱心につけたりしましたが、正月の三日の朝、突然、飛脚が走ってきます。その飛脚は、

「吾一さん、吾一さん、こちらかね。

吾一さん、吾一さん、こちらかね」と言う。

「はてな、私を呼ぶが、どこの人か。まあ、入ってもらおうか」。そうして、その人に入ってもらいますと、そのかけ声で入ってきた人が言うことには、

「『わしは竜宮界から来たものである。去年の歳暮を、何とも言えぬ宝物をもらってありがたい。必ずあの人を迎えて連れて帰ってくだされ』という命令がありました。今から竜宮界へ行きましょう」と言う。吾一は驚いて、

「竜宮界というと海の中でして、私が海の中へ入りますと、すぐ死んでしまいますが……」と断わります。お嬢さんも、

「海の中へ入ったら死ぬのも当然だ。行きなさんな」。使いは許しません。それでとうとう使いについて吾一は行きます。

――お嬢さんは後で泣き暮らしですが――

いよいよ吾一と使いの者が海ぎわへ行きますと、その使いの人は先にたって道を開けます。二人が水の中へ入りますと、水は両方へ分かれて完全な道になります。しばらく行く間にとうとう竜宮の宮まで行きました。吾一は竜宮界の王さんに初めてお目にかかります。王さんも歳暮の礼を丁重に吾一に言って、

「おまえは、何日でもここへ泊まってくれ。おまえが好きなものを食べてかまいません」。

そうして、吾一はここでしばらくいろいろよばれていましたが、しかし、一生を暮らすことは、お嬢さんに対してすまない気持ちがします。吾一は十日ほど泊まって言いました。

「私はこれから帰らせてもらいます」。王さんは、

「ああ、それならば帰ったらいいが、おまえ、何か望みがあったら、望みのものを申し入れなさい。何なりとあげるよ」。

吾一は考えまして、

「金の犬こをくださいませんか」。

「ああ、こちらにはあれ一つを出すと、後に一つしか残らないけれども、おまえに宝物をもらったから、今度はこちらからお礼におまえに宝物をやろう。この金の犬こには丁銀(ちょうぎん)を必ず朝一枚

ずつ、食べさせることに気をつけねばならない。そうしたならば、必ず大判一枚は排せつするから。しかし、与える数をまちがえてはならないから。もし、一つでもよけい飲ませたら、すぐ死ぬから」という注意を吾一は王さまから受けます。

そうして、吾一さんは、金の犬こを喜んで抱えて帰ります。そしてお嬢さんに、

「やっと、帰りました」。

お嬢さんは驚いて、とても海の中へ入ったら、帰ってはもらえないと思っていたので、泣き暮らしていたところへ吾一さんが帰ります。その上、金の犬こを抱えておりますから、

「あなた、それはどのような方法で手に入れたのですか……」。

「王さまに何なりと望めよとおっしゃるから、金の犬こを頼みましたら、王さまの言葉に『必ず丁銀を一枚ずつ食べさせよ。そうしたら、この犬こは大判を一枚を排せつするから、それでおまえの家は豊かになるだろう。しかし、与える数をまちがえて一枚でもよけい食べさせたら、すぐ死んでしまうから、よくそれに気をつけなさい』と言われましたよ」。

そのうち、一年二年たつ間に、吾一の家では毎日大判ができますから、長者の家よりも金持ちになりました。長者の家では、どうして吾一の家が長者になったのだろうかと思って、吾一の家へ訪ねて来られます。そこで吾一は一部始終を話しました。そうすると長者は、

「それなれば、私に三日ほど貸せてくれないか」と言う。吾一は、

「用たしいたしますが、必ず、丁銀一枚だけを犬に食べさせてください。そうすれば、大判を一枚排せつしますが、それ以上、一枚でも多く食べさせられたらすぐ死にますから、そうしないでください。そのことは十分に注意を願います」。

そうして、長者は喜んで犬を借りて帰ります。さて、食べさせてみると、実際、一枚食べさせれば、犬は大判を一枚排せつします。

さて、二日たち、三日目には帰らせなければなりません。長者は欲を考えて、なんでも今日は二枚食べさせれば、二枚排せつするだろうと思って、二枚食べさせられたら、すぐ犬は死にました。しかたなく長者はその犬を家の後ろ山へ埋めてしまいます。

十日たっても、犬は吾一の家へは帰りませんから、吾一は迎えに行きます。そうしたら、長者が全部白状して、こうこうであったと言います。

「それなら、犬はどこにおりますか。その犬を私にください」と吾一は言い、そうして、死んだ犬を抱えてもどり、吾一は家の後ろの榎(えのき)の下へ犬の死骸を埋めました。

そうして、あくる日、見ますと、榎に金銀ちょうじ、大判小判、あらん限りの宝物が鈴なりになりまして、吾一はまた、たいへんな長者になります。そうして吾一は、また、木の枝を一

つおろして、臼と杵をこしらえ、それに米一合ほど入れ、「千石、万石、数知らず」と言って米を搗きますと、一合入れたものが臼いっぱいになりました。そうして何回もやりますから、また、長者の家よりは多く米を持つようになりました。長者は驚いて吾一の家へ行って、話を聞かれました。

「それならば、その臼と杵を貸せてくれ」。

「それならば、三日ほど用だてます。四日ぶりには、すぐもどしてもらわねばなりません」。

それで、長者はその臼と杵を借りて帰り、米を一合入れて、

「千石、万石、数知れず」と言って搗きますと、一合の米がみんな粉になって散ってしまい、米というものはなくなってしまいました。さらに長者は続けます。一日たっても二日たっても同じですので、つい腹をたてて、臼を割って焼いてしまい、その灰は、みな、山の上へ持って行っておきました。

十日たっても臼がもどりませんから、吾一はまた迎えに行きます。ところが、長者は全部白状して、しまいには、

「あれは焼いてしまった。それで灰になって上の山にあるから」と答えます。しかたなく吾一は灰をもらって帰りました。

明くる日、吾一は殿さまのお留め山へ入りまして木を切ります。そこへ殿さまがお通りになって、大きい声をされました。

「おおい。そこで木を切るのは何者だ」。

「日本一の花咲かじいでございます」。

「これはおもしろい。それならば一つ咲かせてみなさい」。

そこで、吾一が灰を一面に放りますと、どの木にもいろいろな色違いの花が咲きました。そして全山花になりました。

「ああ、これはめでたい、めでたい」と殿さまは言って、たいへんなほうびを吾一に与えられます。また、吾一の家は長者以上の大きな長者になります。長者は、また、不思議に思って、どうしてあれが長者になったかと思われて、吾一の家へ行きます。そうして、吾一さんは一部始終を話します。

そうしたら、長者は、また帰って、灰の残りがあったから、また、殿さまの山へ入りこんで、そうして、木を切られますと、また、ちょうど殿さんが通られました。そしてまた、最初のように殿さまが大きい声で言われました。

「そこで木を切るのは何者だぁ」。

「日本一の花咲かじいであります」。

「あ、それはおもしろい。それならば一つ花を咲かせよ」。長者は灰をふりましたら、花は一つも咲きません。かえって、殿さまの目にまで灰が入りまして、殿さまはたいへん立腹され、侍を走らせて、すぐその長者を殺してしまわれます。

ところで、世の中というものは、こういうものであって、天から授かった宝でないと、ほんとうの自分のものにはならない。欲ばりでは自分のものにならないからな。こっぽし。

〈伝承者　井上掏佶さん・明治十八年（一八八五）生〉

伝承者の井上掬佶さんは仁多郡奥出雲町横田で生まれる。十七歳で同町下阿井・小阿井の伯父の家である井上家の養子となり、真剣に農業にとりくんだ。元阿井村会議員。私がお訪ねしたのは昭和四十六年（一九七一）五月三十日のことで、掬佶さんはこのとき、八十六歳であった。

これは「竜宮童子」といわれている昔話の一つである。関敬吾著『日本昔話大成・第五巻』（昭和五十三年　角川書店）で見ると、同じような話は全国で九十七話ほど認められる。中国地方では十二話（島根一、鳥取三、岡山三、広島五）ということになる。まず『日本昔話大成』でその戸籍を見ておこう。本格昔話の「異郷」の中に次のように出ている。

二二三　竜宮童子（AT五五五）

1、貧乏な男（女）が(a)海に門松を捨てる。または(b)魚（蛙）を助ける。亀（女）に迎えられて海底へ行く。2、男は（使者に示唆されて）小僧（白犬・黒猫・亀・馬）または宝物（聴耳・打ち出の小槌）を姫からもらって帰る。3、小僧は（一定量の食物を食わせると同量の）黄金をうむ。4、(a)女房（兄・弟・隣人）が借り、多くの黄金を出そうとして、(b)男が慢心をして失敗し、もとの貧乏になる。

吾一の行った竜宮は何を意味しているかといえば、いうまでもなくそれは理想の国である神の国（祖霊界という）そのものである。日本の理想の国は、このように海の向こうにあると考えられており、そこへは川を伝って行くことができると考えられている。奥出雲町大呂、安部イトさん（明治二十七年生）の話では、家人の食物が残ったり、少しくさりかけたものや、あるいは母乳があまったら、けっしてそのまま他へ捨てたりしてはならず、「竜宮さん、竜宮さん、川へおさめますわ」とか、「竜宮さん、竜宮さんに贈れ」などのとなえごとをして川へ流すものとされていた、ということだった。また、金の犬こは吾一に豊かな財産を与えてくれる呪宝である。しかし、神の気持ちにそわない長者には、けっして幸せを与えようとはしない。

犬を埋めた榎の木の枝から作った臼と杵で、餅をつくとき、「千石、万石、数知れず」となるが、このことばに非常によく似たとなえが、正月の年中行事の中に見られる。奥出雲町美女原の「田打ち正月」のとなえは、次のとおりである。

国土の広き荒れ野を　田となして　鍬のみ矛や露の玉米
一鍬に千石　二鍬に万石　千石　万石　数知れず〔内田忠助さん・大正六年生〕

この風習は県下各地にあるが、「金の犬こ」の昔話も、このようなとなえを頭において作られていることはまちがいない。

次に吾一の家の後ろにある榎の枝から作った杵を竜宮に送ると、それをきっかけにして吾一には次々とよいことが起きる。また、後半部でも金の犬こをその木の根もとに埋めておくと、あくる日には金銀などがなり、彼はそれで臼と杵とを作り、米を一合入れて餅をつくと臼いっぱいにできあがる。このようなところから榎の木は、まことにめでたい木であることが分かる。昔からこの木は縁起のよい植物であると考えられてきたようで、それを示すものとして、次のような民謡のことばもあちこちで見られている。たとえば「餅つき歌」として浜田市三隅町井野大谷では、

これのお背戸にゃ　二股榎
榎(え)の実ならいで　チョイト　金(かね)がなる〈竹内藤太さん・明治八年生〉

常に吾一のマネばかりをしている長者は殺されるが、ここから祖先の人々が自分の考えを大事にし、マネをきらう心が強かったことを知ることができる。これは「ネズミ浄土」「サル地蔵」「花咲かじい」などの昔話に共通している。そしてこの「金の犬こ」は、前の半分が「浦島太郎」、後の半分では「花咲かじい」の話がいっしょになったような感じになっている。

それにしてもこの阿井の里に、わが国の風習やとなえ言葉、民謡などをふまえた、とてもスケールの大きい、このような話がよくまあ残されていたものだと、しみじみと考えさせられる。

伝承文学のホームページ登載

時代の進展はめざましい。パソコンの一般化に伴って、今日では古老から伺った民話やわらべ歌などの録音が、インターネットホームページなどで聴けるようになった。

私の場合、「しまね観光ナビトップ」→「しまね百科事典」→「わらべ歌館・かたりべ館」（http://www.kankou.pref.shimane.jp/sj/area/amt_contents.html）では、島根県下を七ブロックに分けて民話やわらべ歌を各ブロックごとに複数紹介している。「雲南民話デジタル絵巻」（http://www.ufm.jp/study/story/emaki/index.html）では旧大東町と旧横田町の昔話（「こらえてもらったキツネ」「産神問答」）が聴ける仕組みになっており、「雲南未来博物館」→「CATV雲南放送局」（http://www.ufm.jp/catv/catv.html）では、「マンガ食わず女房」「雲南の民謡」「伝説・名馬池月」が視聴できる。また「出雲かんべの里ホームページ」→「民話館」→「館長の部屋」（平成二十四年四月からは、私の退職により「民話の部屋」と改名されている。http://www.kanbenosato.com/minwa/kancho.html）では、毎月一話ずつ民話かわらべ歌を解説付きで紹介している。読者もぜひお聴きいただきたい。

このように、IT文化の発展は、一昔前まで想像もつかなかったが、それぞれの家庭でもそのままの原話や歌などを聴くことが出来るようになったのである。

鉈盗られ物語

鉈盗られ物語

松江市美保関町七類

とんと昔があったげな。
とんと隣の唐六左衛門が鉈を借りに行きたげな。
ついたちの日に行きたら、「ついもどいた」。
ふつかの日に行きたら、「不都合なことばっかり言わさる」。
みっかの日に行きたら、「見たこたぁにゃ（無い）」。
よっかに行きたら、「用のにゃ（無い）に何でござったか」。
いつかに行きたら、「いつのこと、疾（と）うもどいた」。
むいかに行きたら、「無理なことばっかり言わさる」。
なのかに行きたら、「何のことだか」。
ようかに行きたら、「よもよも（本当に）よう来たなあ」。

ここのかに行きたら、「ここにはにゃ（無い）」。
とうかに行きたら、とうとうもどさだった。
そって昔こっぽり。

〈伝承者　森脇キクさん・明治三十九年（一九〇六）生〉

この数え歌形式を持った昔話は、昭和四十五年（一九七〇）七月二十六日に聞かせていただいたものである。このときは島根県教育委員会が中海周辺緊急民俗調査を行ったおり、その調査員として私も参加していた。

不思議なことにこの日、同じ七類集落で作野ヨリさん（明治三十七年生）から、同類をうかがっている。それは次のものである。

とんと昔があったげな。
とんと隣の唐六左衛門に鉈を貸せました。
いくら経っても返してくれんで。
ついたちに取おに行きたら、
「ついでに返した」って言って、
鼻はずいちょったって（相手にしてくれないで、の意）。
今度あ、ふつかに取おに行きたら、
「不都合なこと言え」てて言って、また追い返した。
みっかに取おに行きたら、
「見たこたぁ無い」てってしまった。

よっかに取おに行きたら、「用はない」てった。
いつかに取おに行きたら、「いつのこと返した」て。
むいかに取おに行きたら、「無理なこと言え」てって。
なのかに取おに行きたら、「何のことだかい」てって、また言った。
ようかに取おに行きたら、「焼けてしまった」てった。
ここのかに取おに行きたら、
「ここにはごんしぇん」てってしまったて。
とうかに取おに行きたら、「疾う疾う返した」てってねえ.
そいで自分の鉈にしてしまったって。
そいで、昔こっぽり米の餅。

さて、こうして同じ日に仲間の話を聞きながら、その後はどうしたことか、いくら探しても山陰両県では同類に出会うことはこれまでのところないのである。

それでは同類は、いったいどこで伝えられているのであろうか。実はこの話は、主として東北地方で語られていたものであるらしい。この話を最初に記録しているのは、江戸時代の旅行家で民俗学者であった菅江真澄（一七五四～一八二九）であった。三河出身の彼は、北海道・東北・信濃地方を旅行し、その見聞を遊覧記としてまとめている。そのうちの一つ、『はしわのわか葉』の天明八年（一七八八）五月十日の日記に、問題の「鉈取られ物語」が次のように名前だけではあるが登場している。

……十日　寝坊して、日がたかくなってから起きた。きょうは、この江刺郡黒石の行道の家で人々と歌などをよんであそび、あす、胆沢郡の六日入（前沢町）に行こうなどと話していると、至急の用事だと、手紙を持った使いが来て、これをみた常雄は帰って行った。昨夜からここに盲法師たちが泊まっているので、それをよび出すと、南部閉伊郡の浦の人で、宮古（岩手県宮古市）の藤原というところの者だという。「さあ語れ」というと、紙張りの三弦をとりだし、声をはりあげて、「尼公物語」といって、佐藤庄司の家に弁慶、義経が偽山伏となって宿った浄瑠璃を語り、終わると小法師がでて、手をはたとうって、「さあ、ものがたりを語りましょう」と言う。「黄金砂（こがねすな）まじりの山のいも、七駄片馬（しちだんかたま）ずっしりどっさりとひきこんだるものがたり」また「ごんが河原の猫の向面（むかつら）、さるのむかつら」「鉈（なた）取られ物語」「しろこのもち、くろこのもち」などの早物語を語ってくれた。……

このように文章の後半の部分に、はっきりと「鉈取られ物語」の名が見えるのである。しかしながら、これは題のみを記したもので肝心の内容がどのようなものであったかという点については、残念ながら不明である。ところで、三谷栄一氏の書かれたものに、多分この正体であろうと考えられるものが紹介されているので引用しておく。

……また、「鉈とられ物語」というのも山形県庄内地方の「物語」にある。

一つ物語り候。隣の鈍左衛門へ鉈一丁貸したんの物語
三日目に取りに行ったば　そんだ鉈見たこともない。
四日目に取りに行ったば　用もない鉈借りたことない。
五日目に取りに行ったば　何時も鉈は借りたことない。
六日目に取りに行ったば　そんな無理な鉈借りたことない。
七日の日に取りに行ったば　何んにもない鉈借りたことない。
八日の日に取りに行ったば　そんな埒（やづ）も無い鉈借りたことない。
九日の日に取りに行ったば　そんな苦情な鉈借りたこともない。
十日の日に取りに行ったば　そんな鉈とんと借りたこともない。
となりの鈍左衛門に　とうとう鉈を取られたんの物語。

というのが伝わっているが、おそらくこの物語であったかと想像される。……（「語り物」―『日本民俗学大系』第十巻　昭和三十四年　平凡社―）

三谷氏もまた早くからこのように指摘されているのである。ただ、この方には一日目と二日目の部分が脱落しているのが惜しまれるとはいえ、比較してみると一目瞭然、明らかに美保関

町のものと同類であることが分かる。

さて、庄内地方のものは早物語として親しまれていた。先学の助けを借りて、簡単にこの早物語について説明しておく。

本来神事に関するカタリゴトから発達したもので、「てんぽ物語」とも言われ、早口で一気に語られる語りの意。昔話と元は同根であったと考えられる。そして、この語りものは室町時代には既に存在していたことが確認されており、正月にまず語られなければならなかった。語り手の多くは目の不自由な族芸人たちで、義太夫などとともにこれを語っていたのであったという。（三谷栄一氏「語りもの」―同前書より意訳）

こうしてみると、早物語の本場ともいうべき、庄内地方において、あくまでもこの「鉈盗られ物語」は、早物語として語られていたと見るべきなのである。

一方、私の収録した美保関町の「鉈盗られ物語」は、早物語ではなく昔話として語られていた。しかも、同じ地区で全く偶然に二人から同一の話を聞くことが出来たことは何を意味しているのであろうか。そして、今一つ、東北と山陰という遠く離れた二つの地域に同種類の話が存在している意味についても、やはり、考察しておかねばならないと思う。

七類地区で二人の方から同じ「鉈盗られ物語」を聞けたのは、全く偶然なことではあった。しかも、それ以後いかに努力しても再びこの話は、他のところでは見つけることが出来ない。とは言え、同じ地区で同類の話が存在していたということは、重要な意味を示しているものと思う。つまり、昔はこの話が少なくともここ美保関町においても盛んに語られていたことを、これは証明しているとは言えないだろうか。なればこそ、このように互いに気づかず同種の話を別な伝承者が語るという事実が認められるのであろう。

そこからさらに発展させ考察を進めてみると、この話は以前、なかなか人気のある話種として、当地区近辺で語られていたものであろうと推察したい。

今一つここで問題にしたいのは、東北と山陰とこのように非常に離れた地域でありながら、なぜ、同一の話が存在しているのかということである。

推測の域を出ないが、大きな理由は美保関地区は庄内地方と同様、日本海側の漁村であるからではなかろうか。このことは日本海を媒介として、昔から陸路では困難な人々の交流が、案外容易だったと考えられるのである。

鎌倉時代に源を持つ物資交流の役を果たした回船は、封建性の強かった江戸時代でも北前船、西回り航路などと称されて盛んであり、両地区でもそのような交流が見られた模様で、これは陸路の交通からでは全く考えられなかったことといえるようである。そのような結果、東北地方で人気のあった「鉈盗られ物語」が、ここ山陰の地にもたらされたと推測することは決して不自然ではないように思われる。

なお、この話が東北生まれであると考えられる点について、ここらで少し説明しておく。島根県のものをよく見ると、数え歌形式でリズムのある構成になっていることに気づく。そこからこの話は、単なる昔話というよりも、歌、あるいはそれに近い語り物といった性格を認めることが出来る。

すなわち、当地では早物語は発達していなかったので、この語りを受容するには、あくまでも昔話としての形態にアレンジすることが必要だったのであろう。それが美保関町に残る語りとなったものと思われるのである。

桃太郎

桃太郎

松江市八束町二子

とんとん昔があったげな。

昔、おじいさんとおばあさんがあったげな。

ある日、おじいさんは山へ柴刈りに行ったげな。そしておばあさんの方は川へ洗濯に行っておったところが、川上から大きな桃がドンブラコドンブラコと流れてきたので、おばあさんはそれを拾い上げて噛んだら、とてもおいしかったげな。それで、

――もう一つ流れてきたら、おじいさんに持っていんでやぁに――

と思っていたら、またもう一つ流れてきたので、それを拾ってエッサコラエッサコラ持って帰ったげな。そうして――いま、おじいさんは留守だけん戸棚へ入れちょかかい――と桃を戸棚へ入れておいたら、やがておじいさんが帰ってきたげな。

「何ぞ、ええものはねか」。

「ええものがあああよ。川で桃拾って噛んだらおいしかったけん、おじいさんに戸棚にしまってああが」。

そうして、戸棚から桃を出して割ろうとしたら、包丁でも割れにくかったげな。そのため、エエコラエエコラとやっと割ったところが、「オギャー、オギャー」と、中から赤ちゃんが出たきたげな。

二人は本当にびっくりぎょうてんしてしまったげなが、

「まあ、こりゃあ男の子だわ」というようなことで、おじいさんとおばあさんがだいじに育てたげな。

ある日のこと。

友だちは松葉の山に柴刈りに行くげなが、桃太郎は毎日遊んでばかりいたげな。そのうち、隣の子どもが来たげな。

「桃太郎、桃太郎、山へ行かだねか」。

「さあ、行きてもいいが、何しに行くだ」。

「松葉かきに行かや」。

「まあ、待ってごせ。今日はオイコ（背負い具）作らにゃならん」。

それからまた明くる日。

「山へ行かや、桃太郎」。

「今日はニカワ（背負い縄）作らんならん」。

また明くる日誘いに行ったら、

「今日はワランジ（草鞋）作らんならん」。

「三日もかかって待たせえか」。

「そんなら今日は行かか」。

山へ行ったところが、友だちはどんどんどんどん落葉かきをするのだけれど、桃太郎さんは、つい日向ぼっこして、何もかき寄せようとはしないげな。そのうち友だちが、

「桃太郎。もういなや」。

「何だい荷がなあて、いなれぬわ」。

「ここに大きいホオタ（木の根っこ＝ここでは「松の根っこ」のこと）があが、これ負うていなか」というようなことになった。

そこで友だちは松葉を持って帰るし、桃太郎はその松の根っこをエッコラエッコラ背負って帰ったのだそうな。

「おばあさん、薪取ってもどった」。

「大きなもん取ってもどって、困ったなあ」。

「どこへ下ろさか。ニワへ下ろさか」。

「ニワがおげて（掘れて）しまあけん、ニワはいけん」。

「門へ下ろさか」。

「門もいけんわ。ポテンと下ろいたらように穴が開く」。

「ああ、もはや荷を下ろさにゃ重たていけんけん」。

桃太郎はそう言って、便所の前へポテーンと下ろしてしまったげな。

夜になって、おばあさんが便所に行くといって出たところ、桃太郎の下ろした松の根っこに引っかかって転んでしまったげな。そして揉んでもさすっても治らんことになってしまったげな。

「こりゃまあ、寝て動かれぬことになってしまったわ。あげな大きな木取ってもどうけん、ま、困ったことしたわ」。

それから、この腰の痛いのを治すためには、鬼の生き肝を取ってもどらないといけない、ということになって、桃太郎も、

「どげなことしてでもおばあさんの腰は治さにゃいけん。どうでも鬼退治に行く」と言ったので、おばあさんは桃太郎にキビ団子をこしらえてやったげな。

桃太郎がキビ団子を袋に入れて、腰につけて行っていったら、犬が来たげな。

「桃太郎さん、桃太郎さん。どこ行くかぁ」。

「いま鬼が島へ鬼征伐に行き、鬼の生き肝を取ぉに行く」。

「その腰のものは何だかい」。

「日本一のキビ団子」。

「そんなら一つちょうだい、食うてついて行く」。

「そんなら一つやらか。ついて来い」。

そうして歩いて行っていったら、キジ（雉）が来たげな。それから、

「桃太郎さん、どこ行くかぁ」。

「いま鬼が島へ鬼征伐に行く」。

「腰のものは何だかい」。

「日本一のキビ団子」。

「そんなら一つちょうだい、ついて行く」。

そうして、桃太郎はキジにもキビ団子を一つやって家来にしてどんどん歩いて行っていたら、今度はサル（猿）が出て来たげな。

「桃太郎さん、どこ行くかぁ」。

「いま鬼が島へ鬼征伐に行く」。

「腰の団子を一つくれたらお供をすうが」と言う。

また一つやって家来にして、みんな連れで行って鬼退治をして、そうして鬼の生き肝を取ってもどって、おばあさんに食べさせて、腰の痛いのを治してあげたという話だ。

〈伝承者　足立チカさん・明治二十七年（一八九四）生〉

伝承者の足立チカさんは二子地区にお住まいだった。そして明治二十七年（一八九四）に生まれておられる。私がこの足立さんをお訪ねしたのは、昭和四十四年（一九六九）七月下旬のことであった。彼女は気さくで温かい方であった。他にもいろいろな話をうかがい、時間がたって昼食どきになったら、初対面の私のために急いで味噌汁を作ってしっかり食べるよう勧めてくださった。この味噌汁のなんとおいしかったことか。私は足立さんを思い出すとき、いつもこの出来事もいっしょに思い浮かべるのである。それは島根県教育委員会が行った中海沿岸地区の民俗調査のさいのことである。

今でこそ八束町は本土と陸続きになっているが、当時は中海に浮かぶ二つの島、つまり大根島と江島に分かれて存在していたのであった。そして島に行くには合同汽船に乗らなければならなかったのである。しかし、この汽船は今はなくなってしまっている。

この調査は七月二十二日から二十七日の六日間にわたって行われたが、宿泊は寺津の山美世旅館だった。調査員としては県外の大学教官や地元からは島根大学、あるいは松江高専の教官、さらに高校教師、文化財専門委員など全部で十二人が参加していた。この当時、中学校教師で三十四歳になったばかりの私もメンバーに加わっており、言語伝承の部門を担当していたのである。そして毎夜、旅館でその日の収録状況の報告会を行っていたが、そこで交わされた厳しい討議を私は懸命に消化しようと目を輝かして聞きながら、大学の先生に対しても、疑問の点は遠慮なく質問を続けていたことを思い出す。このような思い出とともに、足立さんのこの桃太郎の昔話が蘇ってくるのである。

さて、読者もお気づきと思うが、この昔話に登場してくる桃太郎は、普通、私たちが知っているものと少々違っており、大変な怠け者である。隣の友だちが、「桃太郎、桃太郎、山へ行かだねか」と誘いに来ても「さあ、行きてもいいが、何しに行くだ」と答え、友だちが「松葉かきに行かや」と言うと、「まあ、待ってごせ。今日はオイコ作らにゃならん」と逃げ、次の日も「今日はニカワ作らんならん」と行こうとしない。さらに三日目にも「今日はワランジ作らんならん」と逃げ口上を言うが、友だちが許さないので、仕方なく山へついて行く。山では友だちはどんどんどんどん落葉かきをするのだけれど、桃太郎は、つい日向ぼっこして、何もかき寄せようとはしない。まさに徹底して怠けるのである。

このような怠け者タイプの話は、半島部の美保関町森山地区や七類地区でも語られており、また、全国的に分布を眺めると鳥取県の日野、西伯、東伯の三郡。岡山県では阿哲郡。広島県では広島市と比婆郡。海を渡って徳島県三好郡などで同類が確認されている。しかし、それ以外の地方では伝承されていない模様なので、このタイプの話は中国、四国にだけ認められるものといえるようである。稲田浩二氏によれば、氏の著書『昔話は生きている』(三省堂新書)の中で「語り手の生活本能は、一挙に鬼征伐の英雄になりあがる桃太郎をよそよそしく思い、血のかよいを感じることができなかったに違いない。かれらの分身は、もっと土くさく、横着もかまえたい、じぶんのペースで生きたい、山で昼寝を楽しみたい——切実な願いをのみこんだ英雄でなくてはならない」と述べておられる。

　なお、美保関町などで聞いたところによると「桃太郎さんの山行き」という慣用句があり、それはにわかごしらえで出発することを表現しているという。まことに珍しいケースであるが、昔話の影響はこんなところにも及んでいるといえるのである。

　また、足立さんの話では、桃は二つ流れてくるが、最初の桃はおばあさんによって食べられてしまう。しかし、後から流れてくる桃は食べられるのではなく、そこにこの話の主人公が入っているのである。このような二重構造的なスタイルは何を意味しているのであろうか。それは初めの桃は主人公を神の意志の通りに、しかるべきところへ無事に送り届けるための囮（おとり）の役割を演じていると考えられるのである。この話に限らず、他でも似た語りを見せている場合は多い。古い語りでは、桃などは元来いずれも二つ流れて来て、最初のものが犠牲になり、後のものが無事に主人公として出現するという形であったのではなかろうか。

　たまたま出会ったこの変わり者の桃太郎の話であるが、なかなか意味深長なものがあるといえそうである。

金屋子さんと鍛冶屋さん

金屋子さんと鍛冶屋さん

邑智郡美郷町都賀行

昔、鍛冶屋さんがあった。旅人がその鍛冶屋へ行って、「泊めちゃんさらんか」言ったら、「これには親父が死んで、まことに騒動しとるとこだけえ、泊めてあげたいが、それはできません」と言う。「そいじゃあ、も一軒先へ行ってみようかい」と旅人が一軒先へ行って宿を頼んだら、

「これにゃ子が産まれたけえ、人を泊める場じゃあありませんけえ、よそへお願いします」。

こう隣の家でも断わられた。

「はあ、そうかな。そいじゃあしかたがないけえ、鍛冶屋にゃ親父が死んじゃあおるが、泊めちゃろう言うてもろうたけえ、そこで泊まらしてもらおう」言うて、旅人がそこへもどって泊めてもらったという。

実はその旅人は金屋子(かなやご)さんだった。そのようなわけで金屋子さんというものは、昔から産ま

れ日は嫌いだが、死に日が好きだというんだげな。

〈伝承者　高橋ハルヨさん・明治三十五年（一九〇二）生〉

昭和四十九年（一九七四）七月二十九日に高橋さんのお宅でうかがった話である。この話に出て来る「金屋子さん」は「たたら」の神さんのこと。「たたら」といっても若い方にはお分かりいただけないと思うが、原料の砂鉄を窯に入れて木炭で熱して精錬するが、そのおり風を送るフイゴを称する。そしてこの精錬を司る神を「金屋子さん」というのである。

ところで、なぜかこの神は死の忌みは嫌わないが、血の忌みは徹底的に嫌われるという言い伝えがある。

手元にある島根県教育委員会発行の昭和四十二年度の民俗資料緊急調査報告書の『菅谷鑪』によれば「鉄山で最もやかましいものの一つは子女の血の忌みである。そしてまた不可解なものは死穢を気にしないことで、むしろこの方は歓迎していたほどである。高殿には、村下・炭坂・番子以外には小廻りとオナリを必要としたが、この常時ただ一人の女性は、すでに月事の忌のないものを使用していた。たたら職人のうちで最も身の清浄を保つものは村下であることはもちろんである。だから村下の仕事着と家人の衣服とは、洗濯盥・洗濯竿にいたるまで区別した。風呂などは、たたら場の風呂に入って自家の風呂には入らないことが多かった。したがって家人に血の忌のある時は食事もたたら場でした。かくのごとく赤不浄を極端に嫌った故に、白不浄の際も同様であった。萬一家にいた時出産に遭ったら男子出生の場合は三日間、女子の場合は七日間たたら場へ出ることはできなかった。だから出産が近づいたとみると、たたら職人はたたら場に寝泊まりした。家人もまた産後男子は三十一日、女子の場合は三十三日の初参りがすむまでは、たたら場へ近づくことは禁ぜられた。」（六十五―六十六ページ・牛尾三千夫氏執筆部分）とある。この話はこのような信仰が基盤となって成立しているのである。

ただ、この昔話は、関敬吾博士の『日本昔話大成』には出ていない単独伝承の貴重な話だということができるようである。

大田節蔵さん・サダさん夫妻のこと

鹿足郡吉賀町椛谷(かばたに)の茂土呂地区にお二人は住んでおられた。節蔵さんは明治二十八年(一八九五)生まれ、サダさんは明治三十年(一八九七)生まれである。

昭和三十七年(一九六二)四月から五年間、私は柿木中学校に勤務していたが、毎週のように大田さんご夫妻を訪問しては、昔の村の暮らしをお聞かせいただいたものである。年中行事、衣食住、交易、運搬、民間信仰、そして伝承文学など、今となっては消滅してしまったような昔のしきたりを教えていただいた。お二人とも生き字引のような存在で、たいていないことはご存知だった。

それらの多くをまとめたものとして『柿木村の民俗』(昭和五十四年・柿木村教育委員会刊)がある。B6判約三〇〇ページからなるこの本の大部分は、大田さんご夫妻の協力によって出来たものである。私がまだ独身だったころ、たいていサダさんの心づくしの夕食をよばれて帰っていたものである。今もそれらのことが懐かしく思い出されてならない。

閻魔の失敗

閻魔の失敗

浜田市三隅町福浦

昔々、軽業師と歯医者さんと山伏と三人が死んで閻魔（えんま）さんの前に引っ張り出されまして、取調べを受けております。まず、山伏から引っ張り出されまして、「ええ、その方は人間の世間におるときには、はあ、大きな法螺（ほら）をブウブウ吹いて、子どもを恐らかしたから、おまえは地獄へやってやる」。

閻魔さんが言いますもんで、これはもうしかたなかろうと思って、山伏は地獄の方へ行きました。

その次は軽業師さんです。

「おまえも生きておるときに、妙なことばっかりしてからにお金を取りよったから、その罰におまえも地獄じゃ」。

これも因果を決めて地獄の方へ行きました。最後は歯医者さんです。

「これもやはり、人を痛い目に合わして高い金を取ったから、おまえも地獄じゃ」。こういうしだいで三人がみな地獄へやられました。

そうして、鬼が言いますには、

「閻魔さん、閻魔さん、この三人の者をどう処分してやりましょう」。

「あれは悪いやつばかりじゃから、ひとつ、熱湯の中へ追い込んでやれ」。

それから、大きな釜へグラグラグラグラと湯を煮て、三人を連れて行き、その釜の中に鬼が金棒を使って三人を投げ込みました。

ところが、山伏は水の印を結ぶというと、煮え湯が少しも熱くはありません。三人の者が、「ああ、これはええ燗の風呂じゃ、ちょうどええ、まあ人間世界の垢を落とそうかい」というので、バシャリバシャリ湯を使っております。

それから、赤鬼が真っ赤になって怒りまして、

「閻魔さん、申し上げまぁす。三人のやつはいっこう熱うないらしゅうござんして、ちょうどええ燗の風呂じゃちゅうて垢を落としておりますが、どうしてやりましょうか」。

「うん、それはなかなかけしからんやつじゃ。それならば引っ張り上げて、針の山へ追い上げてやれ」。

「はいっ、承知いたしました」。それから、赤鬼は今度は青鬼を連れてきまして、

「おい、おまえもテゴ（手助け）してくれ。こなやつらはなかなか征伐が難しい」。

「こら、こっちぃ来い」というので、それから山のところへ連れて行きました。その山を見るというと、大きな針や小さな針がいっぱいに草が生えたように生えております。

「そおら、この山へ登れ」。

「登るか、登らんか」。こう言って鬼たちが棒をふり上げて追って行きますので、例の軽業師さんが軽業の術を使って、その山にある一本松へピョコッピョコッと三人を、みな登らせてしまいました。

「あ、ここまでおいで、甘酒進じょ」。松の枝の上で呼んでおります。鬼はまた怒りまして、

「わあ、ブルブルブルッ、けしからんやつじゃ。閻魔さん、閻魔さん、これはけしからん。『ここまでおいで、甘酒進じょ』と木に登って呼んでおります。しゃくにさわりますが、どうしてやりましょう」。

「ううん、そうか。それならばしかたがないから、おまえが口の中へ入れて噛み砕いて飲んでしもうてやれ」。

「はいっ」。

それから、鬼が三人の前へ行きまして、

「こら、ちょうしとれ（ちゃんとしていろ）」。こう言って大きな口を張って、三人を口の中へ入れましたところが、今度は歯医者さんが、歯の抜ける薬を二人の者に分けてやって、三人連れでその薬を鬼の歯の根元へシュッシュッシュッシュッシュッと、一生懸命にすり込みました。そうしたら、鬼の歯がボロボロボロッとみな抜けてしまって、いくら噛んでも三人のやつは死にません。そこで鬼は、

「閻魔さん、閻魔さん、どうしましょうか。三人の者は死にません。その上、私の歯がみな抜けました」。

「そんならしかたがないから、おまえ、丸飲みにせえ、丸飲みにせえ」。

それから、鬼がクッツ、クッツ、クッツ。目をパチパチとさせて飲み込んでしまいました。

さて、三人が鬼の腹の中へ入ってみますと、そこはなんと広いとも広いとも……。そして、軽業師が言いますには、

「おいおい、あの下の綱に引いてあるのは何かい」。歯医者さんが答えます。

「うん、あれか、あれは鬼の腹の中の血管というもので、あの筋を引っ張るというと、鬼がシッコがしとうなるんじゃ」。

「はあ、そうか。それはおもしろいな。その隣のは何か」。

「あれは………あの綱を引っ張るというと、鬼が屁をひるんじゃ」。

「ああそうか。それはおもしろいな」。

上をあお向いて見ましたら、今入ってきたところの喉の穴の隣に小さい穴が二つあります。

「小さい穴が二つあるが、あの穴は何じゃろうか」。

「あれか、あれへ伝うておる綱ぁ引っ張るちゅうと、鬼がヒャクショ（くしゃみ）するんじゃ」。

「そうか、こりゃあおもしろいぞ、おもしろいぞ。おい、三人一緒に引っ張ってみようじゃないか」。

「いいかあ、一、二、三」。一緒に引っ張りましたところが、鬼が苦しみます。

ヒャクショ　ヒャクショ　ヒャクショ

ブーッ　ブーッ　ブーッ

シュッ　シュッ　シュッ

「もういっぺんやれ」。

「一、二、三」。

ヒャクショ　ヒャクショ　ヒャクショ
ブーッ　ブーッ　ブーッ
シュッ　シュッ　シュッ

ヒャクショ　ヒャクショ　ヒャクショ
ブーッ　ブーッ　ブーッ
シュッ　シュッ　シュッ

本当に鬼は閉口しまして、それから、とうとう三人を吐き出してしまいました。
鬼があんまりひどく吐き出しましたものですから、その三人が飛んで来たところは、元の人間世界で、それぞれ死んだところへ帰ってきたのだそうです。

〔伝承者　佐々木誓信さん・明治二十五年（一八九二）生〕

これは「閻魔の失敗」といわれている昔話である。語り手の佐々木さんは三隅町福浦の光円寺の住職で、昭和三十五年（一九六〇）五月にうかがったおり、六十八歳のご高齢だった。そのさい、子守歌や臼挽き歌なども教えてくださったが、いずれも江戸時代の名残を示す内容で、そのころ初任校の三隅中学校に勤めており、口承文芸を集め始めたばかりの私は、郷愁を感じさせるこれらのメロディーや詞章を非常に感激して聞かせたいただいたものであった。そのときの記憶は五十年以上経った現在も、私の脳裏には鮮明に残っている。例えば、次のような臼挽き歌もこのとき、佐々木さんからうかがったものであり、私のテープには、そのときの録音が今も消さずに入っている。

臼を挽け挽け　団子して食わしょ
挽かにゃ　冷飯　冷茶づけ

本題にもどって、この「閻魔の失敗」の話は全国的な分布を持つものではあるが、山陰両県について見てみると同朋社の『日本昔話通観』の島根編と鳥取編を探した限り、他地区での類話は、残念ながらまだ報告されていない。それだけにこれは三隅町で孤立した形で存在していたということができる。また、佐々木さんがどういうルーツでこの話を聞かれたのか、そのころは聞き書きの技術について未熟だった私は、うっかり聞き漏らしてしまっており、佐々木さんが故人となられた今となっては、もうそのことは知る方法もない。しかし、二十歳代前半の若かった私を温かく迎えてくださった佐々木さんご一家についての懐かしい思い出は今も昨日の出来事のように残っている。

さて、話の内容は死んで地獄にやられた三人が、生前の職業で培った技術を生かして、閻魔の攻め苦に対抗する。まず、釜ゆでの刑を逃れ、次いで針の山で楽しみ、困った閻魔が鬼に命じて三人を飲み込ませると、彼らは鬼の腹の中で暴れ回って鬼たちを手こずらせる。その結果、鬼が苦しがって彼らを人間世界へ吐き出してしまい、三人は生き返ってしまうというのである。もともと死から逃れられない運命にある人間であるだけに、この話は「死から逃れたい」と思う願望が作りだしたものということができるようである。

なお、これに似た話で森脇太一著『江津の昔ばなし』（昭和四十八年・自刊）に次のものがある。梗概を紹介しておく。

彦八が死んで閻魔の前に行った。「お前は娑婆で何をしていたか」「おもしろい話をして人を楽しませていました」「いつも人をだましていた。地獄へ行くより仕方がない」と言われたが、閻魔におもしろい話を聞かせることになる。彦八は「装束をつけ、高い台に上がらなければ話されません」と閻魔の着物を借りて台に上がって話す。地獄から鬼が出て来る。彦八は台の上から閻魔を指さして「罪人はそこにいる」と大声で叫ぶ。鬼は閻魔を捕まえて地獄へやる。彦八は閻魔になり、おもしろい日を送り、罪人にもやわらかであるという。

もちろん、前者と比較すれば、後者の彦八の方は娑婆へ帰って来る三人とは違い、そのまま死者の世界に残るのではあるが、最初、閻魔から地獄行きを命じられる点と閻魔を困らせるところは微妙に共通しているのである。

ムスビを食べた地蔵

ムスビを食べた地蔵

鹿足郡吉賀町注連川

あるところにねえ、お母さんが死んで、また後のお母さんをもらいましたそうな。

そうしたら、六つぐらいな男の子がありましたが、後のお母さんはお父さんの留守には、その子にはご飯を全然食べさせようとしません。

その子がよそへ行っても、そこの家では、

「はあ、いにんさいよ。ご飯じゃからね」と言うので、その子がもどって、

「お母さん、ご飯を食べさしてください」と頼んでも、

「いやいや、今ごろご飯を食べるぼけゃ（ばかは）おらん。それねえなことを言わんと遊びに出んさい」と追い出すそうです。そうして、いつもいつもお父さんの留守にはご飯を食べさせません。

ところが、ある日、その子がまた同じことを言ってもどって来たので、

「それえにご飯が食べたけりゃあ、あんな下の地蔵さまへ、このムスビょう持っちってあげて、これを地蔵さまが食べんさったら、おまえにもご飯を食べさしょうが、そうでないとご飯を食べさせん」とお母さんが言いました。

するとその子は喜んでそのムスビを地蔵さんに持って行って、お地蔵さまに向かって、

「地蔵さま、地蔵さま。どうぞこのおムスビを食べてください。こりょう食べてくださったら、私もご飯をもろうて食べることができますが、そうでないと私ゃあ、いつもいつもお父さんの留守にゃあ、ご飯をようもろうて食べませんから」と言って泣いて頼んでいましたら、その石のお地蔵さまが手を出して、そうして、そのおムスビをつかんでパックパック食べ始められました。

その子は、家へとんで帰り、お母さんに、

「やっあれ、お母さん。お地蔵さまがムスビを食べんさるから、わしにも食べさしてくれえ」と言いますと、お母さんは、

「バカたりょう言うな。石のお地蔵さまがムスビゅう食べんさろうことがあろうか。おまえがそう言うて食べたんじゃろう」と言います。しかし、男の子は、

「いや、そうじゃあない。来て見んさい。隣のおばさんも来て見んさい。今食べよりんさる」

と言います。

このようにその子があまり騒ぐので、連れだって行って見ると、石の地蔵さまは頬ぺたへご飯をつけられたりしながら、やっぱりパックパック食べ続けておられる。

お母さんはびっくりしました。そして、

「わあぁ、こりゃあわしが悪かった。今までご飯を食べさせないような悪いことをしたが、石の地蔵さまがおムスビなんぞを食べんさろうことはないのに、こういう見せしめをわしにしんさるに違いなあけえ、これからぁこの子にご飯を食べさせます」とお詫びを言って、それからは自分の本当の子のように、その子をかわいがったということです。

〔伝承者　小野寺賀智さん・明治二十三年（一八九〇）生〕

解説

継子譚に属するこの話は、関敬吾博士の『日本昔話大成』の中には話型登録がされていないものである。ということはこれは単独伝承型であるということなのであろう。そしてもちろん、私のこれまでの収録でも、他に同類の見つからない話なのである。

それはそれとして、この話は継子をいじめる継母が、何気なく言った「そねえにご飯が食べたけりゃあ、あんな下の地蔵さまへ、このムスビょう持っちってあげて、これを地蔵さまが食べんさったら、おまえにもご飯を食べさしょうが、そうでないとご飯を食べさせん」という言葉から、継子が地蔵さまのところへ行き、懸命に祈ったら、その願いを地蔵さまが聞き届けてくださり、継母も改心するという筋書きになっている。

地蔵といえば、普通、私たちの地域のあちこちに親しく存在する丸い頭で僧の姿をし、左手に宝珠、右手に錫杖を持った石の菩薩像を思い出すが、特に子どもを守る菩薩として知られている。昔話にも地蔵は子どもと遊ぶことが大好きであるというのもある。また、幼くして死んだ子どもが賽の河原で苦しんでいるのを救う存在でもある。

ラフカディオ・ハーン（小泉八雲）の『日本瞥見記』の中に「潜戸」―子供の亡霊岩屋―という文章がある。これは島根町にある有名な「加賀の潜戸」のことであるが、そこには次のような描写が見られるのである。

—前略—わたくしは足のほとりといったが、この岩屋の地蔵には足が片方しかない。地蔵が坐っている石の蓮座は欠け損じて、ハスの花びらが二つなくなっている。そして、その花びらにのせてあるはずの地蔵の片足も、くるぶしのところからいっしょに欠けてしまっている。これは聞いてみてわかったのだが、波のしたしわざなのだ。ひどい時化(しけ)の時には、大きな波が狂った鬼のように、小石に崩してしまう。その時、地蔵も波のために岩にたたきつけられる。だが、そんなになっても、時化がおさまったその晩のうちに、石の塔はちゃんとまた元通りに積み上げられているそうである。

「ホトケ　ガ　シンパイシテ　ナキナキ　ツミナオシマス」。

　この奥の岩穴のまっ黒な口のまわりは、ちょうど白骨の色をした岩が、かっと口を開いたような形をしている。気味のわるいこの入口のところから、岩屋の床はだらだら下がりになって、さらに深い奥の裂け目のなかへと下がっている。目が闇になれてくると、その奥まったところに、さらに大きい石の塔の立っているのが、ぼんやりと見えてくる。その先の岩屋の隅のところに、三体の地蔵が微笑している。わたくしはその先へ行こうとしたひょうしに、あいにく、石の塔を一つひっくり返してしまった。とたんに、つづいて将棋倒しに、隣のがまたひっくり返った。それとほとんど同時、わたくしの俥(くるま)やも、やはり一つひっくり返した。この償いに、わたしと俥やは、ひっくり返した数の倍、つまり六個の新しい石の塔を積まなければならない。

—後略—（平井呈一・訳）

ここでいう「ホトケ　ガ　シンパイシテ　ナキナキ　ツミナオシマス」とある「ホトケ」は、地蔵を指すことは言うまでもない。

なお、地蔵は、ここで述べたように子どもを守る役割を持つものは多いが、それが全てでは決してない。せっかくの機会なので柳田國男監修『民俗学辞典』（東京堂）を借りて簡単に説明しておく。

それによると仏教でいう一菩薩であるが、もともとはインドで成立したのかどうかもはっきりしない。ただ地蔵という言葉だけは、日蔵・月蔵・天蔵などとともに星宿の神としてあったもので、バラモン時代に崇められていた。これが大慈悲をもって衆生の苦しみを払ってくれる菩薩として信仰されるようになったのは、この信仰が中国に入ってからである。そして末法思想が盛んになったころから、地蔵の救済を信ずる傾きが強くなり、わが国では平安後期から貴族の間で盛んになった。特に死者が冥土に赴いて地獄の閻魔の裁きを受け、ひどい苦しみに遭うことから救ってくれるものとされた。そして中世にかかるころから、右手に錫杖を持ち、左手に宝珠を持つ形に定まってきた。そういうところから地蔵は現実界と冥界に行くものを救うという性格が強調された。これはサエノカミ信仰と結びついて将軍地蔵として境神としての信仰となっている。こうして地蔵彌陀信仰・浄土信仰とも結びついて、その思想が広く庶民に流布していったのである。ただ、わが国の伝説の中では地蔵が子どもの安泰を守ってくれるものとされ、子安地蔵などとして信仰される、今回の昔話に通じるスタイルはインドや中国などには見られないことで、日本独自の信仰と考えられる。

一方、地蔵信仰の中には身代り地蔵型とでもいえるものもある。近いところでは、鳥取県の大山信仰の中で認められる。それは農夫が田を耕していると、地蔵が出てきて牛を引いて鋤を使ってくれるというものである。この話に題材を取ったものは「大山寺絵巻」にも描かれているのであるが、これに似たような伝説は、各地にいろいろと残されているのである。身代り地蔵というのは、このようなタイプの地蔵信仰をいっている。

ところで、昔話の世界で地蔵はどのような働きをしているのかといえば、まず「猿地蔵」では、主人公のじいさんが地蔵のまねをしていると、猿たちがそれを地蔵と思い込み、金や宝物を供える。じいさんはそれを持ち帰って豊かになるが、隣のじいさんは、それを聞いて、同じことをし失敗してしまう。また、隠岐地方で語られる「ネズミ浄土」の話では、穴の中に落ちた焼き飯を追って、じいさんが穴の中に入って行くと、そこに三体の地蔵さんが立っており、その地蔵の言葉で、じいさんはネズミの国に導かれ、餅搗きをしているネズミたちに向かって猫の鳴き真似をして、宝物などを奪って帰り豊かになるが、隣のじいさんは真似をして失敗することに相場が決まっている。このネズミ浄土ではないけれど、前半部はこれにまったくよく似ており、全国的な規模で語られている「地蔵浄土」なる昔話も同様な展開を示して、じいさんを鬼の出てくる世界へ導いて行くのである。

こうして眺めれば、伝説での地蔵は人々に積極的な働きをして、それとなく信仰の有難さを語りかけているのに対して、昔話の世界では、地蔵は主人公が幸せになるきっかけを与えているものの、隣人には、ただ単にその反対の結果をもたらす役割を演じているのに過ぎないと言えるのではあるまいか。

　それはともかく、私たちの住んでいる周辺には、地蔵が、親しい姿を見せておられる。村里の境界などに佇む地蔵から、墓地の近くに並んでおられる六地蔵、はては最近生まれたと考えられる交通安全地蔵に至るまで、あちこちに地蔵の姿を見ることができる。それほどまでに地蔵は、人々に親しまれているわけである。そのようなところから、祖先の人たちは、いつの間にかこの地蔵を登場させた説話を昔話や伝説などで扱って、さりげなく地蔵信仰の拡大に力を貸していたと言えるのである。

現代の語りと伝統の語り

昔話は本来、それぞれの家庭で祖母や祖父から孫に寝物語などで聞かされてきた。私が昭和四十七年（一九七二）に奥出雲町の横田中学校鳥上校舎の生徒に行ったアンケートでは、祖父母世代から聞いた場合が七十六％、父母世代からが二十四％であった。また、語り手の男女比では女性（祖母、母、おばさんなど）からが八十一％、男性（祖父、父、おじさんなど）からが十九％であった。ここから見て、昔話は「一世代飛んだ女性からの伝承である」という基本的な法則を認めることが出来る。

しかし、核家族が多い現在では、家庭での語りは消え、学校とか公民館など、外部で民話の会などの活動家から聞く形に変わってきている。語り手は不特定多数の大衆を相手に語っているし、その話も本で覚えたものが多く、以前のように家庭内伝承で覚えた話ではなくなってきた。言葉も方言よりも多くは共通語を使う傾向になってきている。

わが国では平成四年（一九九二）から二年ごとに全日本語りの祭りが行われており、平成二十四年（二〇一二）十月四日（木）・五日（金）には第十一回全日本語りの祭りが岡山県倉敷市で開かれた。語りのスタイルはよいかどうかは別にして、多彩化してきていると言えそうだ。

蟹淵の主

蟹淵の主

隠岐郡隠岐の島町元屋

古いことですが、元屋の奥に安長の谷がありました。その奥に蟹淵という名前の淵がありま す。そこは昔からたくさんの木が生えていて昼なお暗いすごい淵でございました。そこにその昔、元屋の木樵りが行きて、木を伐っちょったふうでございます。

けえ、突然、どういうはずみか、斧を取りはずしまして、その斧が淵の中へどぶんと落ちたそうです。

ところが、にわかに滝の面が沸き上がって、がいな水しぶきが立ったかと思うと、ぽっかり青い毛の生えたような蟹の爪が一つぽっと浮いてきた。

――はてな。こら不思議なことがある――と思っちょったら、姫さんが下からすーっと現れてきました。その姫さんは、今しがた私が落とした斧を持ってやってきました。

「やれ、木樵りよ。わらわはこの淵の主である。その、そこにわしを妬(ねた)んでか、マエニケって大きな蟹がおって、わたくしをつめって痛めて手に合わない。ところが、今しがた、そなたの落とした斧がその爪の根に当たって、から、爪はころっと取れて、その蟹が痛さに跳ね回ったときの細工で、その泡が立ったでしょうが、そいでまた、あなたに頼みがあって、われはまた現れたのです」。

なんだか嘘のような気がするけれども、上がってきた姫さんの言わっしゃることと、その持ってきた斧が自分のである、ということは間違いないので、木樵りは、

――はーってな、これは事実はそりゃ、ともあれ、その自分の斧に違いないからなぁ――と思いながら、また聞いておったらば、

「そういうわけで、まだ片方の爪が残っておる。幸いまだ片爪を出いておるから、そなたに頼むによって、もう一回、あそこの滝のそらから落としてくれんか」て言われました。

それから、木樵りは、

――はてな――と、半信半疑でおったけれども、斧をもらって滝の上からずーっと滑らしたところが、またもや一面に泡になって、だーっと、がいな大暴れに淵がなりました。そうしておったら、また姫が水の底から現れてきました。

そうして姫さんが、やはり前のようにまた自分の斧を持ってきて、

「なんと木樵りよ、いかにもおまえの手柄によって、そいで、私は急にこの蟹の苦労から、一応逃れることが出来て、おおきに助かった。その恩徳によって、おまえはこれから長生きをする。それから身上がよくなる、ということはわしが保険する。それからこの安長の谷は水量が豊かであって、いかなる日照りでもここに水の切れることはない。われはこの村の、あるところの長者の娘であったけど、故あってここの身を沈めて主になっておる。が、元屋の人の雨がなくて日照りが続いたときには、ここに来て祈願をさっしゃい。必ずやご利益が現する。間違いないけん」言って、すーっとその姫は消えてしまいました。

そこで、木樵りが見れば、蟹の爪が二つも浮いておるわけだから、これは不思議なことがあると思っていたら、その後、たいそうな大豪水（だいごうすい）になって、一面に大水が出て、二メートルも差し渡しのあるような甲羅の大きな蟹の死体が流れちょったそうです。

それから後は、蟹の技（わざ）することもなくなったといいます。

だれ言うとなしに、そこは蟹淵ということに初めて名がついたそうです。それから、その木樵りさんも、やがては金持ちになったという話ですけど。

まあ、ちょっと、今でもわたくしたちが小まいときも、このそういう伝説があって、雨ごいにはそこへ行きよったという話もあります。まあ今に伝わる、とんと昔ね。

〈伝承者　茶山儀一さん・明治三十年（一八九七）生〉

昭和五十七年（一九八二）七月三十日にうかがった話である。このとき私は、島根県民俗文化財分布図作成のため、島根県教育委員会から委嘱を受けて、当地の調査に当たっていた。内容は衣食住から、生産・生業、運搬用具、社会生活、人生儀礼、年中行事など多岐にわたっており、言語伝承については調査項目外だった。

けれども、ここ元屋地区の古老、茶山儀一さんは、とても博学強記で何を質問しても、丁寧で正確な答えが返って来た。

もともと伝承文学に関心の強い私であるので、昼の休憩のおりに、「蟹淵についての伝説はありませんか」とついお尋ねすると、「知っていますよ」とのこと。そこで録音マイクを向けると、いきなり語り始められたのが、ここに紹介した見事な話であった。

実はほぼ半世紀前の昭和十一年（一九三六）、兵庫県にあった郷土文化社から出された横地満治・浅田芳朗編『隠岐島の昔話と方言』に、この伝説は収録されていたので、茶山さんの語りによってこの伝説が残されていることが分かったのである。

関敬吾『日本昔話大成』の「昔話の型」を見てもこの話は存在していないタイプである。そこでせっかくなので、次に同書から全文をそのまま引用しておくことにしたい（促音も普通の大きさで組まれているので、そのままにしてある）。当時は録音機がなかった時代であるが、横地氏は速記術を心得ておられたようで、古老の語りを速記で、そのまま記録された貴重なもののようである。

蟹淵の主

元屋（グワンヤ）の里に富豪（エエトコ）があつた。そこに美しい（オツコ）娘（アネ）さんがあつた。娘になつてこえこえてつて、あちこちから、んなわえさしたえど、何処だりえかずにござつたが、何時（イツ）の間にやら、その姿がめえのやになつた。誰（ダレ）が言（ヨオ）ともなしにそれは蟹淵の主（ノシ）にならしたちョてを話がはやつた。

それから余程（デエブ）たつてから木こりの爺さんが淵のはたで木をこつて居つた。鉈を振りやげて木に打（オ）ち込むひようしに、鉈が手からすべり落ちて淵の中へ落（ボロ）けこんだ、落けたかともをと、淵には大波が立つて、水の底に何だえらあづりばねするやに見（メ）えた。爺さんが不思議に思つて見てをると、水（メズ）が静（セツカ）かになつてから、大けなところそえつたれ、とても大けな蟹の爪（バチ）が淵に浮（ビ）いた。爺さんはそりョ見るなり気持（キヤ）が悪うなつて、駆けださうとした時に、

「爺や、待つちやえの」。

てを声が聞こえた。其の声は、しなやかな声であつた。爺さんが振りみいて見ると、美し（オツコ）い娘（アネ）さんがほよほよと笑つて立つてござつた。そいから右（メギ）の手には鉈を握つてござつた。

(爺さんが持てた鉈を!)。

「こけ、じやえの、頼みがあるけに」。

爺さんは、二度びつくりしたえど、化物ぢやねえとをもつたから、娘（アネ）さんの言（エ）わつしや

るやにして側へ寄つた。

「わしは此の淵の主（ノシ）だ。此の淵に何時（エツ）の頃から大けな蟹が住んで居つて、何かとわしの妨げして手にやわのんだけ、どげぞしてやらあかともえど、なんしよに、あえつは、らんばな爪（バチ）を持つてをるし、恐ろして、どげだり、しごが出来いで困つちョをつた。調子のよさに、アダの落つしやつた鉈が彼奴（アエツ）の右（メギ）の爪（バチ）にあたつて、爪（バチ）が根元（ネト）からちぎれた。さすがなこーへた蟹も堪え（フデ）弱（エワ）りかただ。だえど、まだ左（フダリ）の爪が残つてをるけに、安気は出来の、丁度、んーま、淵に落ちるあの滝の下に、左の爪を伸べてをる。まあ一度（エッペン）、あだの鉈で、左の爪を切り落てえてたまえの」。

てつて、握つてござつた鉈を爺さんに渡さした。

見れば見る程、おつこーし娘（アネ）さんだ。「こりや必つと水神さんだ」ともたから、爺さんは、柏手（カシワデ）をつて、拝んで、

「どげな事でもお前のえわつしやんす事なら聞いてせんぜます」。

てつて、滝の下に見（メ）えるそれぢやらあともおんのをねらつて、力まかせ鉈ををつた。あんのたま淵は煮（ニ）いかえるやに大波が立つて、また大けな爪が浮（ビ）いた。娘さんは嬉（オレ）しさあな顔して、

「貴方（アダ）のお蔭で安気した。なんぼよんねえ蟹でも、爪（バチ）が二本ながら、なあなつてみいな、まあ石（エシ）ころも同（オン）なしことだ。わしも、まあやあや我が淵にした」。

てつて、ふそころから巻物を出えて、

「こりや貴方(アダ)に贈(マア)する。困つた事のある時にや、こりよふろげて読みやえの」。

てつて爺さんに渡さした。爺さんは、かしこまつて、頭を下げ、両手で受(オ)けて、

「ありがたあござんす」。

てつて、頭おこすと今(シマ)そこにござつた娘さんは影も形(カタチ)もめえざつた。

爺さんは、淵の上(エウエ)を、なんぼけえりも、拝んで、その巻物を持てえんで、神棚え祀つてえて、心配事があるたんびに、ふれえて見ると、ちやんとそれを逃れる法がけえてある。そのやにすると、心配事が変わつて喜び事になる。爺さんの家(ソト)はだんだん幸(シアワセ)がよをなつて、とても富豪(エエトコ)になつた。

後で此の話を聞いた者(シノ)は、誰(ダエ)もがそりや昔(マエ)に姿をかくさした娘さんに違えねえてつた。


両者を比較して、まず横地氏本にはあるが、茶山氏の語りにはないものを見ると以下のようである。
① 蟹の爪が浮いたのを見て、木樵りが逃げだそうとする部分。
② 木樵りが娘さんを水神さんと思ったという部分。
③ 木樵りが巻物をもらう部分。
次に茶山氏の語りにはあるが、横地氏本にはないもの。
① 淵が「昔からたくさんの木が生えていて昼なお暗いすごい淵でございました。」と描写がある。

② 娘が爺に長生きを保証する部分。
③ 「わしを妬んでか」と大蟹の暴れる理由が述べられている。
④ 「マエニケって大きな蟹がおって」と蟹の名前が述べられている。
⑤ 「二メートルも差し渡しのあるような大きな甲羅の蟹」と大きさが述べられている。
⑥ 「その後、一面に大水が出て蟹の死体が流れちょった」と後の描写がある。
⑦ 主が元屋の人々に日照りのとき、祈願をすると雨を保証し、現在でも当地ではここで雨乞いしていたとする部分。

このようなところになろうか。

いずれにしても半世紀を経過しながら、同じ話がほぼ同様な姿で伝承されていることに、不思議な感動を覚えるのである。また、平成二年（一九九〇）十一月には民放の全国ネットで広く親しまれていた「まんが日本昔ばなし」として「蟹淵」の題で放映されている。

なお、この伝説は平成二十年（二〇〇八）に結成された「おき民話の会」のメンバーによって、地元の伝説として、大切にされ語りが続けられていることを紹介しておきたい。

津井の池の蛇婿

津井の池の蛇婿

隠岐郡隠岐の島町犬来

昔々、ずうっと昔なあ、長い間、雨が一滴も降らず、そのため井戸水はだんだん減る一方だし、せっかく植えた田んぼの稲も干からびて枯れさげになるし、村中の者は「困ったがのう、どげすらええことだえら（どうしたらよかろうか）」と神さんを拝んだり、願かけしたり、いろいろするけど、いっこうに雨の降る様子がありません。

みんなが困りはてたあげく、村の衆が庄屋さんのとこへ集まって、いろいろ相談した結果、――津井の池の水神さんに願かけしたら、わすと（あるいは）雨を降らせてごさっしゃるかも知れんから――ということになり、雄池・雌池のそばにある水神さんへ集まって、

「水神さん、水神さん、どうぞ私どもの雨乞いの願いを聞いてくださいませ。雨を降らせてさえくだされば、どげな難しいことでもいたしますけん、どうぞお願いします」と、お籠もりしたり百度参りしたりして、一生懸命に祈願しましたげな。

そうするとその晩、庄屋さんが寝てござると、その枕辺にりっぱな若衆が現れて、

「昼間、おまえさんたちが祈願したことを叶えてあげましょう。雨を降らせてあげますから、その代わり、今から十日の間に年頃の娘をわしの嫁にさし出すように」と言われるので、庄屋さんも、

「雨さえ降らせてくだされば、娘は必ず人身御供としてさしあげましょう」と約束したかと思うと、パッと男衆の姿は消えてしまわしたげな。

そしてその翌日、にわかに稲妻がパッとしたかと思うと、ゴロゴロッと雷が鳴って、やがてザアザアッと音たてて、しのつくような大雨となってきました。

村の人々は、やれうれしや助かったと大喜びしてござるけど、庄屋さんは雨を降らせてもらったからには、さっそく人身御供の娘を捜さにゃならんと、すぐさま若い娘のおる家を回って、

「おまえ、頼むけん池の嫁に行ってごさんかや」と頼むけど、

「わしゃ、池の主のとこへなんか行くのは嫌だずや」。

「わしも行かのずや」てて一人として行くもんがないもんだけん、庄屋さんもようとこ（たいそう）困ってしまって、そうかといって、水神さんとの約束を破れば、またどげな災難がかかるか知れんし、どげでもかげでも（どうでもこうでも）捜さにゃならんと、足を棒にして、あ

ちこち捜し回らっしゃるがなかなか娘が見つかりません。

その間にも雨は止まずにどんどん降り続くし、六日、七日と経つにしたがって、今度は水があふれて、井戸の水はあふれるばかりになる。田の稲も水浸しになり、このうえ雨が続くと稲も腐ってしまうし……。毎日空を見上げてため息ばっかりしてござったげな。

庄屋さんには、ちょうど十七になる加代という一人娘がおりました。その加代さんが約束の切れる前の晩、お父さんお母さんの前に出て、

「どうぞ私を池の嫁に行かしてください。そうせんと水神さんの祟りが恐ろしゅうございます。私が人身御供になりさえすれば、村のみなさんも助かります。私を行かせてください。頼みます、頼みます」と言い出して聞きません。初めは庄屋のお父さんお母さんも、うちの一人娘の加代が行かんでも……と渋ってござったども、加代の覚悟が堅いので、ほかによい手だてもなく、とうとう加代さんの言うとおりに池の嫁にやることになりました。

そしてすぐ池のそばへ行って、

「雄池雌池の黒ん坊よう、うちの加代が嫁になるてて言うけん、今夜迎えにございやあ……」

と言うが早いか、見る見るうちに池の中に渦巻きが起こり、そのまん中からニューッと現れたのが、この前夢枕に立ったその男衆でした。その若衆はにっこり笑って合点の合図をしてござっ

たげな。そげすると今までザアザア降っていた雨がハタッと止み、陽が射してきました。

――ああ、これは水神さんが願いを聞いてござしたに違いない。そんなら早く祝言の用意を……――と、にわかに庄屋さんではご馳走を作るやら酒肴の用意で、上を下への大騒ぎとなりました。

やがて暗くなり十二時近くになったとき、例のりっぱな男衆が加代を迎えにござったげな。

「それでは約束どおり加代さんを私の嫁にもらって行きます」と挨拶され、庄屋さんの方でもはや覚悟はできていたことではあるし、

「それでは今日から加代はあなたの嫁にさしあげますが、何分急なことで嫁入り道具も何も用意していませんし、池のしきたりも少しも分かりませんが……」と言うと、若衆は、

「私の方は道具などは何も必要はありません。入用なものは向こうにちゃんと用意してありますから。ただ一つ守っていただきたいことは、これからの一カ月間は、どんなに加代さんに会いたくても、決して呼んではくださいますな。その代わり一カ月が済みさえすれば、好きなときに池のそばへ来て呼んでください」と言い残して、加代を連れて行きかけさしたげな。庄屋さんはあわてて、

「ちょっと待ってください。荷物はいらんとのことですので、その通りに従いますが、ただ一

つ頼みがあります。それは私どもの世界では、『鏡は女の魂』と申し、寂しいとき、腹の立つとき、悲しいとき、この鏡を見ると心が落ちつき、迷いが収まるということになっております。これだけは持たせることを許してください」と小さい鏡を渡しました。

「じゃあ、それだけは持って参りましょう」と加代の手を取り、

「必ず後ろは見るなよ」と言いながら別れて行きました。それから、加代の去ってからの庄屋さんの家では、火が消えたような寂しい日が続き、両親は三度の食事ものどを通らず、泣いてばっかりござったげな。たった一カ月が庄屋さん夫婦には十年も二十年もの思いで、待って待って、やあや（やっと）一カ月が来ました。

　さっそく言われた通り池のそばへ行き、

「雄池雌池の黒ん坊よう、加代に会わせてござっしゃいのう」てて呼ぶと、池の中に渦巻が起こり、まん中から加代が体を半分出して手を振り、合点して見せました。庄屋さんでは「さあ、今夜加代がもどってくる」と言うので、加代の好きだったご馳走をえっと（たくさん）作って待ってござったげな。

　やがて日が暮れ、あたりが暗くなってきたころ、一カ月前、家を出たときと同じ姿の加代がもどってきました。

「おお、加代、もどってきたか」。

「よう来たなあ」と、みなが大喜びでご馳走を食べながら、楽しく話すうち夜がふけてきましたので、

「それでは久しぶりで帰ってきたことだから、今夜は親子水入らずで一緒に枕を並べて寝ようや」と言われると、急に加代が悲しそうな顔をして、頭を横にふりながら、

「私はもうここの家のものではありません。いくらお父さんお母さんでも一緒に寝ることはできませんので、一人別に部屋で休ませてください」と頼むのです。そして、

「どんなことがあっても夜が明けるまでは、決して私の部屋へは入ったり、のぞき見などしないでください」と言って、一人一部屋へ入りました。

それからしばらくすると加代の部屋から大けないびきが聞こえてくるので、両親が不思議に思い、

——あの子は今まであげないびきなんかかいたことはなかったのに……——と、つい加代の言ったことを忘れて、そーっと襖をあけてのぞかしたげな。……そげしたら、なんとあの美しかった娘は大きな蛇となって、七巻き半のトグロを巻き、その上にちょこんと首を乗せて寝ているではありませんか。

それを見た両親、驚いたのなんの、仰天してしまって、震えながら襖を閉めて夜の明けるのを待っていました。

明るくなって、今、加代が起きてくるか、起きてくるかと待ちれど待ちれど、いっかな（なかなか）加代が起きてこんので、正体を見つけられ、恥ずかしくなって出てこんかと思い、おそるおそる加代の部屋を明けて見たら、そこには加代の姿はなく、ただ一つ手鏡だけが部屋に残っていました。

それからというものは、なんぼ池のはたへ行って「加代よう、黒ん坊よう」と呼んでも、渦巻きも起こらず、男衆も加代もついに姿を見ることができませんでしたと。

これでとんと昔、おしまい。

〈伝承者　中沼アサノさん・明治三十九年（一九〇六）生〉

解説

隠岐の島町大字犬来に伝わる話である。これはもともと昔話であったのが伝説化したものと考えられる。伝承者の中沼アサノさんは、犬来で明治三十九年（一九〇六）に生まれておられるが、松江市雑賀町にお住まいだった。そして島根県の幼稚園教諭としての草分け的存在の方でもある。

この話は、中沼さんが五、六歳だったころ、寝物語に伯母の佐藤イワさんから聞かされたものだという。中沼さんの実家は旧家で屋号を公問所といい、長らく庄屋を務めていた。そして親戚には、孝明・明治両天皇に儒学を講じた中沼了三がいる。したがって、中沼さんに話を語った佐藤イワさんは、ときどき京都へ出て時代の先端を行く都会の空気を吸っては隠岐へ帰っていたようなインテリだった。

ここに紹介した話は、その佐藤さんが語られた雰囲気をそのまま壊さないように、中沼さんが再話してくださったものである。一般的に素朴な昔話から脱して、まるで文学でも味わうような豊かな内容に構成されているところにこの話の特徴がある。つまり伝承文学がいわゆる芸術性のある文学に昇華して行く道筋を示す貴重な例といえるものだと思う。

これは元はいわゆる水乞い型の「蛇聟譚」と「蛇女房譚」の二つの昔話であったのが、合わさって一つの話に変化しているのであるが、ここでは紙面の関係でそのあたりについて詳しく説明を続ける余裕がない。そのことが私としてはいかにも残念なのである。

なお、舞台となった津井の池は、雄池と雌池の二つから成り、黒曜石の産地でも知られている。また、東にある雄池の周囲は〇・九キロメートル、西にある雌池の周囲は〇・六キロメートルあるが、名馬池月の生まれたところという伝説もあり、どことなく神秘的なたたずまいを見せているのである。

やさしい山姥

やさしい山姥

隠岐郡西ノ島町波止

とんと昔があったそうです。

ここの奥山からこの里へ雪が降るようになると山姥（やまんば）のばあさんが一人こちらの旧家の上（かみ）というところへ下って来ていました。

こちらにはまだそのような昔に、糸類など何もないものだから、その山姥が麻（あさ）を作って、その皮をはいで右の手でちょっと裂いて、それから、左の手でテガラをこしらえたり、今度、車でよりをかけて良い糸に仕上げたりして、機（はた）をこしらえることも教えてくれていました。それから魚を釣るテグスをこしらえることも教えてくれていました。

こうしてその山姥は何か月か来ていても、雪が溶けるようになると、姿を消し山へ逃げてしまっていたそうです。

それで明くる年、雪が積もるようになると、またその山姥は下って来ていたということでした。

〔伝承者　福岡エンさん・明治二十五年（一八九二）生〕

昭和四十九年（一九七四）に赴任した離島の県立隠岐島前高校で私が郷土部を復活させ、口承文芸収録を目的として生徒とともに古老を訪ねていたのはもう四十五年以上も前のこと。月日の経つのは本当に早いものである。

ところで、離島ならばまだまだ形の崩れない話が残されていると思うのは早計である。同じ隠岐諸島でも地区によって伝承度はまったく異なり、豊かな語りを見せる知夫村や旧・都万村（現・隠岐の島町）もあれば、かなり衰弱した語りが大勢を占めるその他の町もあるなど、地域によって実に差の激しいものであった。

さて、海洋性気候地帯に属するこの地区では、冬といってもあまり大雪は積もらない。したがって、「跡隠しの雪」のような昔話にはついぞ出会うことはなかったが、昭和五十一年（一九七六）五月八日、一般的に昔話についてはあまり伝承度の高いとは思えない西ノ島町で、雪に関わりを持つ山姥伝説を聞くことができた。小字名は波止（はし）、語り手は当時、八十四歳という高齢の福岡エンさんだった。どこへも嫁に行かず独身を通された彼女は、隠岐の海そのもののような爽やかな明るさをたたえておられた。このときは私の他に三名の女子生徒が聞き手になったが、ともかくも昔話的手法で語られたのが、ここに紹介した話である。

山姥といえば「牛方山姥」に出てくる牛方を襲ったり、あるいは「天道さん金の鎖」に見られる母親を食い殺し、さらにその子どもまで狙ったりなど、概ね民話に出てくる山姥は恐ろしい妖怪的存在として語られる場合が多い。けれども、この離島に伝わる山姥は、なんと心の優しい、親切な存在であることか。里人に機を織ることを教え、また、四方を海に囲まれて海の幸に恵まれたこの里に釣糸であるテグスの製法を伝授するのである。まるで生産の女神、あるいは漁業の女神とでもいえそうな健康な姿を示しているではないか。

そして、ここの山姥は雪が降り始めると里にやって来て人々に幸せを授けるが、春となり雪が溶け出すと、いつの間にか山に帰って行くのである。

こうして眺めてみると、この山姥は新年になるとどこからともなくやって来て、人々に年玉を与える「正月つぁん」こと、正月神となんとよく似ていることか。

この島前地方でのこの神は海のはるけき彼方から西ノ島の三度(みたべ)地区にまず上陸して、各地区へ出かけることになっている。このことはかつての子どもたちにうたわれていた「正月つぁん」歓迎のわらべ歌によって証明される。例えば西ノ島町三度の万田半次郎さん(明治十九年生)によると、

正月つぁん　正月つぁん
どこから　おいでた
三度の浜から　おいでた
重箱に餅を入れ　徳利(とく)に酒を入れ
とっくり　とっくり　ござった

こんな詞章であったと教えていただいた。

この歌には直接、雪との関わりは見られないものの、やはり雪とは無縁ではない山陰地方に位置する隠岐島の正月の神である。したがって、この男神は雪の降りしきる新年に常世の国から海を渡って来訪されると考えられるのである。

こう見てくると正月に来臨する正月神と、雪のある間、山からやって来てこの地に滞在する先の山姥とは、実に好一対をなす男女の神ということになる。私はこのことに気づき一人ひそかにほほ笑んでいるのである。

ところで、さきに山姥は、一般的には恐ろしい存在であることが多いと記しておいたが、この隠岐地方のようになかなか優しい存在の山姥が、石見地方にも認められる。それは邑智郡邑南町矢上地区に伝えられている。昭和二年（一九二七）に島根県教育会が編んで刊行された『島根県口碑伝説集』の中に出ているが、やや難しい表現になっているので、私の方で少しやさしく直して紹介しておこう。なお、地名は（　）内で現在のものに直しておいた。


邑智郡矢上村（現・邑南町）矢上の原山の中腹に岩窟があり、人々は「山姥の窟」と言っている。入り口は高さが九尺（約二メートル七〇センチ）、幅三尺（約九〇センチ）で亀の形をしており、入り口から一間（約一メートル八〇センチ）ばかりの所で、二手に分かれている。右に入ると「犬返し」といって、二三間で腹這いになって滑って入るくらいに細くなってしまっている。そこから一間くらいすると、第二の犬返しがある。そこから斜め上に空室があるが、その西側に明かりが差し込んで窓の役割をしているところがある。

神世の昔、矢上姫が大国主命(おおくにぬしのみこと)の妻、須勢理(すせり)姫の怒りを避けて、ここに来てこの岩窟にお住みになったという。山の名を矢上山とか、布干山(ぬのほし)とも称している。それは姫神が布を干されたからつけられたかも知れず、あるいは春のころ、谷間にかかるモヤを見てつけたものなのであろうか。

ところで、この岩窟を「山姥岩屋」ということについて、一つの伝説がある。

昔、この山の麓(ふもと)に大石という家があり、そこの田植えには、毎年、不思議なことがあった。というのは、最寄りの講中から集まる早乙女の人数は、もとから決まっているにもかかわらず、植え田に並ぶと一人だけ、早乙女が多く、それなら調べようと人数を数えると、やはり元のままなのである。また離れて見ると一人確かに多いというのである。

また、大石家では田植え飯を炊くのに、不思議な米を用いている。それはわずかに三粒だけを炊くのであるが、できあがってみれば、ご飯が釜いっぱいになっている。またこのほかに、原山の山腹で布を織るオサの音がおもしろそうに聞こえることもあった。しかし、その後、人々がこの山に入って斧やノコギリを使うようになったら、山姥も三瓶山に飛んでいってしまったと伝えられている。

また、江津市清見(せいみ)町の大掛にも次の伝えがある。

昔、ここの榎ノ木山に山姥がいて川端（屋号）や田原（江津市川平）の伊の木（屋号）に木綿を引きに来た。この山姥が糸ひきをすると、巻いても巻いても糸が出てくるので不思議がられていた。その糸は榎ノ木山よりももっと高くなったが、あるとき、地主が榎ノ木山の木を伐り払ったため、山姥は石見町（現・邑南町）矢上の原山に行くことにしたという。そしてその途中、田原の伊の木に立ち寄り、子供がいたので飯がいくらでも増えるシャクシを一本わたしていった。その後、伊の木では、このシャクシで飯を増やして食べていたそうである。なお、榎ノ木山の九合目あたりにヤマンバァさんのセンチ岩というのがある。

――『桜江町誌』（昭和四八年・桜江町誌編さん委員会）――

別種の伝説のように語られてはいるものの、内容的にははっきりと邑南町矢上との関連の深さを示している。さらに江津市井沢町長谷には、よく似た次の伝えが残されている。

榎の木という家の高手に山婆がいるといわれ、その山婆が川淵や俵の伊の木という家に、木綿糸を引きに出たといわれている。山婆が糸引きをすると一日やっても糸巻きの管にやっと二本ぐらいであるが、カセに巻くときには、巻いても巻いても榎ノ木山の高さより長く、たくさんとれたという。ところが、地主が木を伐ったために山婆は山戸に帰ることになった。そのとき、榎の木と川淵の俵の伊の木だけには、食物を与えてやったという。そして道すがら、川平村の坂根という家で少し休み、子供に飯の出るシャクシを渡して帰っていった。父親がそれを汚いと言って沖の竹藪に捨てたが、後で事情を聞いて拾いに行ったときには、もうなかったという。

――森脇太一著『長谷村の昔話と民話』（昭和三十年・孔版）――

ここでいう山婆は、もちろん山姥と同義語であろう。そしてこの内容もまた『桜江町誌』のそれと重なるところが多い。共通していえることは、やはり、主人公の山姥、または山婆が、人間では出来ない不思議な力を示し、そして人々に呪宝を授けている点である。しかしながら、人間の何でもない不注意が、せっかくの山姥の好意を無にしてしまい、今後続くべきはずの幸運を取り逃がしてしまうという結末になっている。ここから考えられることは、不特定多数の作者である民衆が、小賢しい人間どもの知恵に対して、自然をもっと大切にすべきであると、それとなく警告しているのを暗示しているのではなかろうかということである。そのようにこれらの伝説を分析してみるのも、なかなか意味深長でおもしろいと思うのだが、いかがなものであろうか。

語り手の養成

現代の語りは、語り手も家庭内伝承で知った昔話ではなく、民話集などの本で読んだ話を覚えて語る場合が多い。第六回全日本語りの祭りが平成十四年（二〇〇二）十月、隣県の境港市で行われたが、そこでの語りの中には楽器を奏でながら語ったり、朗読調で語るものも見られ、いわゆる話頭句「とんと昔があったげな」で始まり、方言をだいじにしながらゆったりと語り、結句「こっぽし」で語り収める伝統のスタイルは、次第に影を潜めてきているような感じがした。

これは語りの進歩というよりも、時代によって変形されてきたといった方が適切であろうかと思う。

本来、わが国での昔話は、農業の神さまに今年も稔り豊かであることを願う儀式であった。そのために昔話を語るのは神と人間が交流できる夜に語られるのが常識だった。隠岐地方では「昼昔はネズミが小便をしかける」とか、「昔は庚申の夜」などといっている。ここでいう昔は昔話のことなのである。このような敬虔な気持ちと作法を知り、民話（昔話、伝説、神話、世間話）が何であるかを学んだ上で、次代を担う子供たちにそれらを伝えていく必要があるのではないかと、私は常日頃から思っている。

旅人馬

旅人馬

八頭郡智頭町波多

昔あるときに、何の心配もない財産もあるよい家があり、この家には一人の子どもがあった。また近くの貧乏な家にも一人の子どもがあったが、この二つの家の子どもがとても仲が良くて、どこへ行っても二人はいっしょだったそうな。それから、二人がときどき話し合っていたそうな。

「まあ、大きくなったら、ちょっと旅に出うや」。

「そうしよう」。家の人たちも、

「それもまあ、身の修行になるわ。ほんなら、おめえら出いや」と賛成して、旅に出ることになった。

旅へ出るといっても、仲良しなのでもちろん二人いっしょで出かけることになったそうな。

そして、金持ちの家の子どもは小遣いもしっかり持たせられるし、難儀な家も承知して、それは少しだっただろうけれど小遣いを持って出た。

二人は連れになって出たところが、ある宿屋に泊まることになった。そうして夜、二人が寝ることになった。金持ちの子どもは、何といい調子で布団に横になると、ぐっすりと寝込んでしまうし、一方、貧乏な家の子どもは、どうしても眠れないので、むっしりくっしりむっしりくっしりしていたら、夜中に女中かそこの奥さんか知らないけれど、ぺりりぺりりぺりりぺりりといわせて畳を踏んで来たと思ったら、ひゅっとその間の襖を開けて入って来て、そして何か持って出て、それで火箸できれいにきれいにずーっと囲炉裏のごみをみんな取って、そして何にもないようにしたところへその持って出た籾(もみ)をぱらっと稲をまくようにまいて、そして、それを灰をかけてつるっと均(なら)したところが、もう、見る間に、そこに籾が芽を出したと思ったら、さーっと大きくなって穂が出たそうな。

そうしたら、その女の人はその穂を刈り取って、稲こきでこいで米にするわ、粉をひいて団子にするわした。

朝、二人が起きてみたところ、その団子がご飯の茶碗に入れてあるものだから、金持ちの子は食べようとする。しかし、貧乏な家の子はその子の膝をむしったりたたいたりして、何とかしてこれは食べさせまいとするけれど、金持ちの子は一向に気づくことはなかった。そして、とうとう金持ちの子はその団子を食べてしまった。

すると、その子はすぐ馬になってしまって、

「ヒヒン、ヒヒン」と言うばかりだそうな。そしてそこの男が、その馬に綱をつけて厩へ連れて行って入れてしまったそうな。

朝起きるとすぐに、その馬を厩から出して田圃をすかせ、そのようにしてたくさんの田圃を次から次へすかせていたそうな。貧乏な家の子どもの方は、

――これはどげえしようもねえ――と思って、自分はその団子を食べなかったから、人間のままで、――何とかこの家の隙をみて、仲間を助けてやろう――と思いながら、そこの宿屋を出て先へ先へ行っていたら、一人のおじいさんがおられたそうな。そしてそのおじいさんが、

「どこ行きよるじゃ」とその子に言われたので、

「実はこうこうじゃ」って話したら、

「そうか、それじゃあなあ、その馬がなあ元の人間にもどすよい方法を教えてやろう。これから一反畑があるけえ、その一反畑に茄子がいっぱいこと植えてある。その中で東に向いて七つなっとる茄子を持ってもどって、その茄子を七つ食わせたら人間にもどるじゃで」って言わたそうな。

それからその子が言われた通り、そこへ行って一反畑を見るけれども、なかなか都合よく茄子はなっていない。例えば四つや五つはなっているけれど、七つ並んではなっていない。それからまた先へ行って、それからまた一反畑をずーっと調べてみるけれど、どうにもまたこれ六つまではなっているけれど、七つはなっていない。

しかし、その子は東に向いた茄子の木をどうにかして見つけようと思って、それから、もう一つ先に行ってみようと思って、またとっととっと歩いて行っていたら、また、一反畑に茄子がなっていたので、東に向いたのだけ一本一本、調べよったら、やっとのこと、案の定、東に向いて七つなっている茄子があったので、それを取って、そうして宿屋までもどって見たら、馬が痩せこけた痩せこけた姿になっていた。ちょうど今追ってもどられたところだったようで、綱を離されても、「ヒンヒン」よりしか、ほかのことは何にもよう言えないそうな。それだから、貧乏な家の子は、

「うん、よかった。間におうた、間におうた」と言って、そいから、茄子を一つ食わせ、二つ食わせ、三つ食わせ、四つ食わせ……とむちゃくちゃに馬の口へ入れて食わせていったら、その馬はもう五つ食べたら頭を振る、また頭を振る、どーうしても頭を振って食べないので、そいから、貧乏な家の子はよく絵解きをして教えてやって、その首をなぜてやり、またなぜてや

りして、やーっと六つ食わして、

――やれやれ――思って、

「まあもう一つじゃけえ、がんばれえ」と言って喉をなでたり首をたたいたり頭をなでたり顔をなぜたりいろいろとして、

「もう一つがんばれ。これを七つ食わにゃあ人間にもどれんじゃで」と言って、その友だちが一生懸命に、馬をあちこちなでてなでて、喉まで手を入れて無理に茄子を押し込んで、とうとう七つ目の茄子を喉から腹へ入れたと思ったら、ころっと馬は人間になったそうな。

「まーあ、よかったで、おまえはほんに、やれ、よう食うてごした。よかった、よかった」と言って喜んで、二人がまた出たときの準備を同じようにして、無事に家へ帰ったそうな。家の人たちが、

「ちいたぁおまえらぁも歳がいったじゃけえ、修行してきたか」と言ったら、

「修行してきた。修行したって、まあ、こうこうこういうわけで、難儀な目に遭うたけど、ほんにお父さん、この友だちがええ友だちで、こうこうしかじかじゃ、こうしてくれたじゃで」て言うたら、お父さんは、

「そうかそうか、そげなことがあったじゃか。おめえに、ほんなら助けられたじゃなあ。おめ

えが助けてごさなんだら、ほんなら、馬で一生、立てていかにゃならんじゃっただなあ」と言ったら、

「そうじゃが、お父さん。一生馬で立っていたら、朝から晩まで田圃に追い出されて、けつうぽんぽんしわがれて、ほんに辛い辛い目じゃったじゃで」と言った。お父さんが、

「まあ、よかった、よかった。ほんにこれでよかったけえ。これがしてくれなんだらなあ、おめえは一生馬で暮らして、うちは立たんことじゃけえ、財産は半分こじゃぞ。半分こにして立てるじゃぞ」と言ったそうな。

そうして、大きな長者のような財産をまっ二つにして、その友だちに半分やり、そいから、自分の子どもにも半分やりして、それでどちらもが安楽に生活できるようになったとや。そればっちり。

〔伝承者　大原寿美子さん・明治四十年（一九〇七）生〕

本格昔話「旅人馬」として知られるものである。関敬吾博士の『日本昔話大成』によって、その分類の概要を眺めておこう。これは「逃竄譚（とうざんたん）」の中に位置づけられているのである。

二五〇　旅人馬（AT三一一、三一二　cf・AT一一三二、cf・五五一）

1、旅人たちが宿屋で草を入れたのを食って馬（牛）にされる。一人だけ食わない。2、馬は売られて酷使される。3、一人が人間にかえる草（七枝の草）を老爺に教わる。4、困難を経てその草を発見し、馬に食わせて人間にする。5、彼らは再び宿に帰って、宿のものを馬にする。

さて、こうして見ると、鳥取県の大原さんの語りは後半の「5、彼らは再び帰って、宿のものを馬にする。」の部分だけが欠落した形であることが分かる。そして、全国的にみてもこの形は結構多いようで、むしろ、仕返しに宿屋の者を馬にする話の方が少ないのである。これは本来あるべき仕返しのところが脱落して伝承されてしまった場合が多かった、と解釈すべきものであろうか。以下、関敬吾博士の『日本昔話大成』第六巻から二話ほど引用してみる。

鹿児島県大島郡永良部島の例では、飯もらい坊主が二人、山の一軒家に泊まる。若い坊主は眠り、年上の坊主が起きていると、家の主が竈の前の灰に早稲を植えて、その米で朝飯を炊いて食わせる。若い坊主はそれを食うと馬になって草原につながれる。年上の坊主は帰りに「馬になったうえは仕方がない。主人に使われておれよ」といって去る。年上がおーしの寺の前を通ると、寺の子供が「夕飯もらいの坊主が二人しー（賊）の家に泊まりちゅーじんの早稲をつくって食わされ、一人は馬になったということである。その馬にうらばんの草を食わすれば、元の人間になる」と語っている。年上の坊主はうらばんの草は寺の築山の枝の一つに股七つさいた草がそれだということを聞いて、それを持っていって馬になった友達に食わせ、元の人間にする。（岩倉市郎「沖永良部島昔話」昔話研究二―七）

また、新潟県高岡市の話では、男が武者修行に出るが、いくらも行かぬうちに日が暮れて、山中の老夫婦の家に泊めてもらう。爺と婆が縁の下にきびの種を蒔くと、きびはすぐに育ち、きび団子を作って客に食べさせる。先に食べた他の客が馬になったのを見た男は食べなかったので外にほうり出され、そこで目が覚める。すると昼間の田圃の中で、男は村はずれの天狗にだまされたと知る。（ポーンとさけた・二五）

さて、『日本昔話大成』の第六巻には、この「旅人馬」の全国における分布状況が紹介されているが、基本的には他の昔話に比べて、その絶対数が少ない。中国地方では岡山県にのみ一話認められるばかりで、四国、近畿などにはまったく見当たらない。念のため、採録されている県をあげておくと、鹿児島、岡山、新潟、福島、秋田、岩手、青森の七県に過ぎないのである。また、近年出された同朋舎刊行の『日本昔話通観』の山陰両県の巻を調べても、残念ながらこの話は採集されていない。それだけにこの大原さんの語りは、山陰両県で私だけが一人聞き出した可能性のある貴重な話種といえそうなのである。

竜宮の鼻たれ小僧

竜宮の鼻たれ小僧

八頭郡智頭町波多

昔あるときになあ、おじいさんとおばあさんと、貧しくて難儀して暮らしよったのだそうな。そうしていたけれど、まあ、何して食べようもなくて、お花を取ってきて、それを売りに出ていたけれども、お花がいくつになっても売れないときには、智頭の慈善橋みたいなところから、川の中へ向かって、

「竜宮の乙姫様に進(へん)じましょう」と言って投げ入れていたのだそうな。そのうちに、本節季（大晦日）になるし、おじいさんは、

「今日は、お花採ってきたりして、おばあ、またお花を売りい出てくるわいや」と言って出たところが、ちっとも売れないので、それからいつものように、

「お花ぁ、竜宮の乙姫様に進(へん)ぜましょう」と言って川に投げ入れたそうな。そしたら花はずっと流れていったかと思っていたら、渦巻の中へ巻き込まれたように見えて、そのまま川の底へ

沈んでしまったそうな。家へ帰ったおじいさんはおばあさんに、

「ずっとまあ、花は売れりゃあせず、まあ、乙姫様に投げちょいてもどったわや。あげちょいてもどった」と言ったそうな。

それから、その晩に、なんとやせこけた情けなげな娘が訪ねてきて、

「今日はおじいさん、竜宮城にはお花がのうて門松がのうて困っておったとこへ、ええお花もろうて、ほんにありがとうございました」と言い、それから、

「おじいさんを竜宮にちょっと連れのうて来い、いうことで迎えにきたけえ」と言うものだから、

「そんならまあ、何じゃけえな。ついて行こうかな」とおじいさんは言って、それから、その悲しそうな娘について行って海へ出たら、大きな亀がおって、そがして、

「おじいさん、うらが（自分の）背なへ乗れ」と言う。それでおじいさんが、その亀の背なに乗ると、今度は亀が、

「目をつぶっとりんさえ。つい、そこだけえ」と言うので、おじいさんが目をつぶっていたら、すぐ竜宮へ着いたそうな。

そして、竜宮に行ってみれば、あれこれご馳走してくれる。おじいさんはいろいろなぁもて

なされたそうな。そうしたらその娘が言うことにゃ、

「おじいさん、乙姫さんが『何かやる』と言われても、『何だりいらんけに、鼻たれ小僧がほしい』て言んさいや」と言うものだから、そこで、

「何を土産にしような」と乙姫様が言われたらおじいさんは、

「いんや、何もいらんけど、鼻たれ小僧がほしい」と言ったそうな。乙姫様は、

「そんならやる」と言って、本当に鼻たれ小僧さんをくださったそうな。それは鼻を出していて、汚い汚い小さい小僧さんだそうな。それから、おじいさんは鼻たれ小僧さんを連れて帰ったそうな。この鼻たれ小僧さんには米がなくなれば、

「鼻たれ小僧さん、米がほしい」と頼めば、米をいくらでも出してくれるそうな。また、

「酒が何ぼう、酒何ぼう」と言えば酒も出してくれる。肴も小僧さんに頼めば、何ぼでも聞いてくれる。そして、

「お金がほしい」と言えば、お金もざらざら出してくれるのだそうな。

そうやっていたところが、実際、次々暮らし向きがよくなって、おじいさんとおばあさんの家は、長者のような身上になったしする。それで小屋のような家ではいけないのだから、それから鼻たれ小僧さんに、

「りっぱな家がほしい」と言ったら、りっぱな家ができて、おじいさんとおばあさんは下男や下女も使うほど分限者になったそうな。で、そうして、二人は暮らしていったそうな。

それで暮らしておればよかったものの、二人はいくらでもいくらでも欲ばりだったし、またどこへ行くにも、その鼻たれ小僧さんがずっとつき回っているものだから、とてもうるさくなってしまったそうな。そしたら、あるときおばあさんが、鼻たれ小僧さんに、

「長者みたような家の旦那が、おまえみたいな者ぁ、いつも連れ回ら、ほんに汚のうてこたえん。『鼻ぁ取れ』言うたって取りゃあせん、『面(つら)ぁ拭けぇ』言うたって、拭きゃあせんし、ほんにどがあにもいやなことじゃ。はや、連れ回れんけん」と言って、そして、

「もう、どこへなと行ってしまえ」と言ったら、

「ほんなら、どこへなと行く」と言って、その鼻たれ小僧さんが出たのだそうな。そしたらまあ、ずんずんずんずんずんずん暮らしが、難儀になっていった。それから、その家も元の小屋になってしまったのだそうな。

そればっちり。

〔伝承者　大原寿美子さん・明治四十年（一九〇七）生〕

この話は昭和五十五年（一九八〇）十一月二十二日に大原寿美子さんのお宅で聞かせていただいた。

信仰心の篤いおじいさんが、竜宮界へ花を差し上げていた心がけを愛でた乙姫さんに、竜宮に招待され、使者である娘の助言を守って呪宝の鼻たれ小僧さんを手に入れる。しかし、折角の幸運も慢心のため、なくしてしまう話である。背後には慢心を戒める人生訓がそれとなく配置されている。

これは「竜宮童子」と呼ばれている話種に属しており、関敬吾博士の『日本昔話大成』によれば、本格昔話の「十一　異郷」のところに次のように登録されている。

二二三　竜宮童子（ＡＴ五五五）

1、貧乏な男（女）が(a)海に門松を捨てる。または(b)魚（鮭）を助ける。亀（女）に迎えられ海底に行く。2、男は（使者に示唆されて）小僧（白犬・黒猫・亀・馬）または宝物（聴耳・打ち出の小槌）を姫からもらって帰る。3、小僧は（一定量の食物を食わせると同量の）黄金をうむ。4、(a)女房（兄、弟、隣人）が借り、多くの黄金を出そうとして、(b)男が慢心をして失敗し、もとの貧乏になる。

大原さんの話は、前半部においては、ほぼこれと同じであるが、しかし、後半部は少し様相が異なっている。つまり、大原さんの方は、鼻たれ小僧さんが、いつまでも主人公について回るというくだりがあるが、関敬吾博士の戸籍には、その部分は、あまり強調されておらず、それよりも隣人が模倣して失敗してしまう形が主体になっているように思われるのである。もっとも戸籍の4の(b)の方には、「男が慢心をして失敗し、もとの貧乏になる。」というところがあるので、一応、大原さんの語りと同話型をまとめたというところも見られはするが、しかし、筆者にはこれはあくまでも少数派のように思えてならない。

さて、次に同類を調べてみると、島根県では見つからず、鳥取県では岩美郡国府町大石に伝えられていることが稲田浩二・小沢俊夫編『日本昔話通観』から分かる。その大筋は次のようなものである。

貧乏な青年が花を売る。売れ残った花を竜宮の乙姫さまにと川に流して帰っている。ある日、海辺で乙姫の使いという美しい娘が、青年を呼び止め、お礼にと亀に変身して竜宮に連れて行き、青年を歓待する。そして帰るときに汚い鼻をたらした子どもをくれる。ほしいものをこの子に頼むと何でも出してくれると言う。

家に帰った青年は、その子に頼んで大きな家とお金を出してもらい分限者になる。その子どもはいつもついて来るので、長者の仲間になった青年は気になり、きれいにするよう言うが、その子は聞き入れない。そこで「もうおまえはいらないから帰ってくれ」と言う。子どもが去ると家は元のように貧乏になった。その子を大切にして大人にすると、青年は一代繁盛したはずだが、子どもを嫌ったために元に返ったのであった。

智頭町の話の主人公はおじいさんであり、一方、国府町は青年である。また、竜宮から迎えにきた娘は、前者が「やせこけた情けなげな娘」であり、その娘について行くと亀がいて、おじいさんはそれの背に乗って竜宮へ行くというのに対して、後者は「美しい娘」であり、その娘が亀に変身して青年を竜宮へ案内する。このような多少の違いは見られるものの、おおむね筋書きについては共通している。

さきに私は、島根県に同類がないと書いたが、最初に紹介した「金の犬こ」がこれに似ている。貧乏な吾一が杵を川に投げ入れると、竜宮界へ到着し、竜宮さまから竜宮へ招待され、呪宝「金の犬こ」をもらって帰り長者になる。この方は対極に長者がおり、吾一の真似をして失敗するという隣人型の話である。

ここで少し問題にしたいのは、川に物を投げ入れる行為が幸運を呼ぶことについてである。これには古い風習の名残がその底に流れている。以前に仁多郡奥出雲町大呂の安部イトさん(明治二十七年生)からうかがったが、家で食物が残り、それが少し腐りかけたものでも、また、母乳が余った場合でも、決してそのまま他へ捨てたりしてはならず、「竜ゴンさん、竜ゴンさん、川へ納めますわ」などと唱えて、川へ流しているとのことだった。竜ゴンさんは竜宮さまのことである。いったいこれは何を意味するものであろうか。

簡単にいうならば、われわれの先祖の霊は、長い期間経つと祖霊と称する神に昇格する。そしてその神の住み家は、海のはるか彼方にある常世の国であると考えられている。つまり、常世のある海への道筋は水を媒体として川から通じている。花を川に投じたり、杵を川に投げ込めば、それがやがて大川を経由して海に流れ、やがて常世に到着する。主人公はその行為を機縁にして、常世の別名でもある竜宮へ招かれ歓迎を受けるといった展開を見せることになる。ただ、その後の主人公の心の持ち方で、幸不幸のいずれかの結果が訪れることになるというわけである。

山陰地方の語り手グループ

鳥取県は民話を語る活動が活発で、組織化でも非常に高いレベルにあると考えられる。平成十七年（二〇〇五）には鳥取県民話サークル連合会が結成され、毎年、交流会を開き、鳥取県文化祭でも公開を行っている。結成順に鳥取市にさじ民話会（平成十年結成）、とっとり・民話を語る会（同十二年）、米子市にほうき民話の会（同十四年）、倉吉市に倉吉民話の会（同十七年）がある。

一方、島根県の場合は県レベルでは島根県民話グループ連合会なる名称だけはあるが、組織的な活動はまだ見られない。ただ個別には次のグループが出来ている。隠岐の島町におき民話の会（同二十年）、益田市に民話の会「石見」（同二十一年）、出雲市にいずも民話の会（同二十一年）、大田市にお話ビイーンズ（結成年不詳）、奥出雲町馬木健康クラブ内にも民話グループ（結成年不詳）、吉賀町にはぽんぽこりん（結成年不詳）があり、語りの出前を行っている。また、ボランティア団体ではないが、松江市大庭町にある出雲かんべの里民話館ではとんと昔のお話会が存在し、来館者に民話の語りを聞かせている。私は語りの発展のために、鳥取県同様、島根県でも連合機関を作り、各団体間の連携を図りたいと願っている。

一斗八升の米

一斗八升の米

八頭郡智頭町波多

昔あるときにねえ、暮らしが難儀なおじいさんとおばあさんとあったそうな。
そうしたところが、毎日、暮らしが難儀なので、山へ木をこりに行って、その木をこって持ってもどり、そして、正月が来れば薪もいるものだから、毎日、木を負うて、おじいさんは売って回っていたそうな。そうしては米を買ってきたりして、日に日にがどうにか立っていたそうな。けれども、その木がいつも売れるというわけにはいかないから、売れ残った木を智頭の備前橋の上のようなところから、
「竜宮の乙姫さまにへんぜましょう（差し上げましょう）」と言って、ぼーっと投げ入れたそうな。そうすると木はぐるぐると回りながら流れ、水に潜（もぐ）ったりしながら海へ出るようなことで、そういうふうなことで毎日過ぎていったそうな。
そうしたところが、ある日のこと。おじいさんが帰ろうと思ってふっと見たら、

「ちょっと待って」と言う者がいる。それから待っていたところが、

「うら（私）はなあ、竜宮の乙姫さんの使いで来たもんじゃが、毎日、竜宮では薪がのうて困っておるに、おまえが薪を毎日送ってごされてたいへんに助かっとる。それで乙姫さんが『これをやれ』言ってごされた」と言って、打ち出の小槌をくれたそうな。

「この打ち出の小槌はなあ、何がほしい言うても、これ打ったら何でも出てくるで。そいでも限度があるじゃけえ、三つしか打たれんじゃで」と言って、使いはおじいさんに打ち出の小槌を渡して消えていったそうな。

おじいさんは、そういうことから打ち出の小槌をもらって帰りよったところが、ワラジが破けて履けなくなったから、ワラジをもらおうかと思い、どんなもんかと思いながらも、

「ワラジ一足……」と言って、ちょっと小槌を打ったら、まーあ、よいワラジがひょっととんで出たそうな。おじいさんは、

――まあ、ほんに本当にたいしたもんじゃ――と思って、そのワラジを履いてもどっていたところが、

――三つ、言われたけえ、もう二つ願われるじゃなあ――と思いながら自分の家へ帰ったそうな。

そうして帰ったのはよかったものの、毎日、薪をこりに行くのだからよい鉈（なた）がほしくなり、

――ほんに、もう一つ振ってみよか――と思い、

「鉈、一つ」と言って、ぽーっと振ったところが、りっぱな金の鉈がひょいっと出てきたそうな。

――はーあ、まあ、たいしたもんじゃ――と思って、おじいさんは金の鉈をもらっておった。

そうしたら、

「もう一つじゃが、ばあさ、どぎゃあしようなあ」と言ったところ、おばあさんが、

「おじいさん、食べる米がねえじゃがなあ」と言ったので、

「ほんなら米をもらおうか。これから米を出そうかなあ」と言って、

「米、一斗八升。ばばあ」と言ったところが、なんと美しいおばあさんがぴょこんととんで出てきたそうな。

――まあ、二人が食うにさえ困っとるに、こぎゃあなきれいなおばあさんでもとんで出てきたが、困ったこっちゃなあ――。そうおじいさんが思っていたら、美しいおばあさんがちょこんと座ったまま、鼻の穴からぽろりぽろり米が出だしたそうな。

まあそれから二人が不思議に思って見ていたところが、その美しいおばあさんが、鼻の穴からもこっちからもこっちからもぽろりぽろりぽろりぽろりと米を出して、とうとう一斗八升の米

がそこの座敷に積まれたそうな。

一斗八升の米が群れになって座敷いっぱいになったと思ったら、そのきれいなおばあさんはそれきり米の中に溶けてしまい、いなくなってしまったそうな。そのおばあさんもまたみんな米だったのだそうな。

それというのも、おじいさんが『ばばあ、一斗八升』と言ったから、一斗八升の米がおばあさんから出たのだそうな。

そればっちり。

〈伝承者　大原寿美子さん・明治四十年（一九〇七）生〉

いたってのどかな話である。打ち出の小槌といえば、私たちはすぐに「一寸法師」の話を思い出す。鬼が忘れた打ち出の小槌を一寸法師が得て、その力で彼は一人前のりっぱな男に変身するのであるが、そのような打ち出の小槌は、昔話の世界では他の話の中にもこのようにちゃんと用意されていることがある。たとえば、以前、島根県鹿足郡吉賀町白谷の小野寺賀智さんから語っていただいた「カタツムリの息子」の話では、カタツムリの息子が妻となった酒屋のお嬢さんと氏神様へお参りに出かけ、最後に海の中から打ち出の小槌を拾って来て、それで家やたくさんの米を出して金持ちになる形で出ていた。

ところで、この大原さんの話は、全国的に見るとかなり珍しいもののようで、関敬吾博士の『日本昔話大成』を調べても、その戸籍は見つからない。基本的には爺が送られる小槌は竜宮界からの贈り物である。それならば戸籍としては竜宮童子とか浦島太郎、黄金の斧などのある「異境」の項目か、小槌の霊力を中心においた場合、聴耳とか宝下駄とか塩吹臼あたりが所属する「呪宝譚」、それとも爺の幸福を主題として考えれば、炭焼き長者とか藁しべ長者、または酒泉あたりにその戸籍があってよさそうなものである。けれども、残念ながらそれらのいずれにも該当しないのである。そうではあるものの話の筋を追って考えると、この話は、まったく日本昔話の本筋に添ったスタイルであることは間違いない。そのあたりのところをこれから少し眺めてみよう。

まず第一に主人公が貧乏であり、善意に満ちた人物である。これが典型的な昔話の主人公としての資格を有することは、説明するまでもない。そして彼は寡欲で、せっかく三つの願いをかなえる呪宝である打ち出の小槌を得ながら、望むものといえば仕事の必需品であるワラジと銑、それに日常生活に欠かせない米の一斗八升だけである。決して家とか蔵とか大金を得ようと試みるようなことをしない。

第二には竜宮とか乙姫さん、打ち出の小槌という舞台装置そのものが、伝統的な日本の昔話になじみ深いものがそろっている点である。

最後に主人公の行動であるが、売れ残った薪を竜宮の乙姫さんに進呈しようと、橋の上から川に向かって投げ入れている。このことは、古いわが国の風習をとどめた行為であるということができる。

私は、以前、島根県仁多郡奥出雲町大呂の安部イトさん(明治二十七年生)から次のような風習をうかがっている。つまり、少し腐りかけた食物や、母親の乳が多く出過ぎたりした場合など、決してそのまま勝手にそこいらに捨てたりなどはせず、ちょろちょろと流れる小川などへ持って行き、「竜宮(りゅうごん)さん、竜宮さんに納めます」とか「竜宮さん、竜宮さんに送れ」などと唱えて流すものとされていたというのである。このことは何も奥出雲町の人々のみならず、かつてはわが国の至るところに存在していた風習だった。それがこのような内容の話を生んだ底流にあったのであろう。

これはどういうことだろうか。小川はやがて大川に続き、その先は海に流れて行く。そしてそれらの贈り物は海のはるか彼方にあるという竜宮界に到達するというしだいである。

竜宮界、それは浦島太郎の出かけたパラダイスであるが、わが国の民間信仰でいえば、「常世(とこよ)」という理想郷を意味している。普通の人間などの行くことのできない常世の国は、もちろん神の国である。したがって、この話では主人公である欲のないおじいさんが神の国へ届けた薪の贈り物に対して、その心がけを愛(め)でた乙姫が、彼に褒美として打ち出の小槌を与えるという図式になっている。

こうして考察を進めていくと、この話は昔話の戸籍には掲載されてないとはいうものの、間違いなく日本昔話の伝統の道筋を一歩も踏み外すことなく展開されていることがお分かりいただけると思う。

そして、今ひとつ指摘しておきたいことは、一見、単なる本格昔話ふうに思えるこの話ではあるが、巧まずしてユーモアを備えた笑話として処理されているということである。それは次のところからよく分かる。主人公が三つ目の願いごとを唱えるさい「米、一斗八升、ばばあ」と言ったところ、美しいおばあさんがぴょこんととんで出てくる。そして、自分たちが食べるのさえ困っているのに、こんなおばあさんまで現れて困ったなあと思っていると、そのおばあさんの鼻の穴からどんどん米が飛び出してきて、気がついたらそのおばあさん自体が米の中に溶け込んでしまい、結局は願いのように米が一斗八升出たことで落ち着くというところである。

すなわち、主人公は自分の妻であるおばあさんに何を願おうかと相談したところ、家庭を守る立場の主婦であるおばあさんは米がないことを常に気に病んでいたので、そのことを夫のおじいさんに訴える。妻の心配を理解しているおじいさんは、「米（がないので）、（せめて）一斗八升（ほど出してくださいと、わが妻の）ばばあ（が願っているので、それを出していただきたいと思います）」とすかさずそう願ったところ、常世の神、乙姫さんはそのおじいさんの言葉の意味をじゅうぶん理解しているにもかかわらず、おじいさんのしゃべった言葉を、わざと表面的にだけつかまえて、まずおばあさんを出し、やがて願いの真意に添って、そのおばあさん自体も米にしてしまって、願い通り一斗八升の米にしてしまうというのである。このことはユーモア以外の何者でもない。だれが作り出したのかも知れないこのような民間説話ではあるものの、その底には先祖の人々の実に豊かな笑いの精神が、そっと隠されていて楽しいではないか。

山陰の片隅にある八頭郡智頭町であるが、そこの話にこのような微笑ましい内容の話が残されているのは、本当にうれしいことである。昨今、殺伐とした世相といわれている中に、先祖の人々の温かい心情を発見して、私たちはいかに慰められることか。私はそのようにこの昔話を解釈して、ひそかに喜んでいるところである。

山陰地方の民話グループ「さじ民話会」のこと

結成は、平成十年（一九九八）十月二十九日。会員数一四名（男七名・女七名）

会長・谷口富美子氏（鳥取市佐治町）

※会員数は令和三年二月末日現在

例会　毎月第二火曜日夜

当地は昔話の中の笑話に属する「愚か村」なる一群の話が存在しており、固有名詞を持った「佐治谷話」の本場として知られている。この笑話群の存在を逆手にとって村づくりに活用しようという目的で、年に数回「庚申の夜語り」を企画したり、小学校などに語りの出前を行ったりして、活発な活動を続けている。庚申の夜語りでは、県下の民話の会を招待し、昔話の語りを披露したりしているが、会員による心づくしによる温かいぜんざいなどのサービスも当会ならではのもてなしで好評である。

また年に数回、県の文化祭などのイベントに参加している。

特筆すべきこととしては、平成の大合併に先立ってさじ民話会の活動を佐治村無形民俗文化財に指定したことである。そして鳥取市に合併した後もそれはそのまま引き継がれ鳥取市無形民俗文化財として指定されている。そのため毎年助成金が認められ、それを活用して、さじ民話会では各地への研修旅行なども企画実施している。

化け物問答

化け物問答

東伯郡三朝町吉尾

昔あるところに修行僧がやって来た。日が暮れかけていたので、ある家へ寄って、「泊まらしてくれんか」と言ったら、家の人は、

「ここは年の内にゃあよう泊めんけど、奥の山寺にお化けが出るだてって、みんなよう行かんやな寺がある。そこでもよけりゃ行って泊まんなはい」と言う。

「どっこでもええ。雨露がしのげられりゃ、どっこでもええけえ、泊めてごしぇ」と言って、その僧は寺へ行って泊まっておった。

そうして、その修行僧が讃（さん）を一心に拝んでおられる最中に、何だか上の方がピカピカピカピカ光って、光ったと思っていたら、ドスーンと大きな音がして何かが現れたようなので、僧がのぞいてみたら、大きな坊主が座っておったって。そしたら、外の方から、生温（なまぬる）いような風がどーっと吹いてきたと思ったら、

「テッチン坊、うちか留守か」。

「うちでござる。どなたでござる」。

「トウザンのバコツ」。

「まあ、お入り」。

そうするとまた、坊主が入って来る。そいから、また、

「テッチン坊、うちか留守か」。

「うちでござる。どなたでござる」と言ったら、

「サイチクリンのケイ」。

「まあ、お入り」。

また、

「テッチン坊、うちか留守か」。

「うちでござる。どなたでござる」と言ったら、

「ナンチのリギョ」。

「まあ、お入り」。

また、もう一人がやって来て、

「テッチン坊、うちか留守か」。

「うちでござる。どなたでござる」と言ったら、

「ホクヤのビャッコ」。

「まあ、お入り」と言う。

そうして大きな入道みたいなものばっかり五人もおって、ごよごよごよごよ話している。

「何だか今夜は人臭いやな」と言い出した。しかし、その修行僧のお坊さんは仏さんを一心に拝んでおられたら、仏さんの教えがあったか、どうかは知らないけれども、

――ここにおって、噛まれて死ぬるより、いっそ出て、その仏さんの教えられたことを言ってみたろうか――と思って、襖を開けて出て、

「テッチンボウと言うのは、この寺を建ったときに使った椿の杵だ。消えてなくなれ」と言いなはったら、パターンと消えてしまった。それから、

「トウザンのバコツちゅうのは、この寺の東の方の杉薮だか何だかにおる馬の頭だ。消えてなくなれ」と言ったら、そいつはパターンと消えてしまうし、

「ナンチのリギョちゅうのは、この寺の南の方に大きな池があって、そこに住む古い古い鯉だ」

こう言うと、そいつもまたパタンと消えてしまう。

「ホクヤのビャッコちゅうのは、この寺から北の方に向かって、広い野があって、そこにおる白い狐だ。消えてなくなれ」と言ったら、またパタンと消えるし、みんな消えてしまったって。

そうしているところに、夜が明けかけてきたら、村の人が、

「また、あの坊主も噛まれてしまっただらぁか、どがにしとるか行ってみたれ。一人や二人ではいけんけえ、みんな村中行ってみたらぁ」と言って、村の衆みんなで寺へ上がって、

「何ぞが出りゃせなんだか」って言うと、修行僧は元気でおって、

「出たとも出たとも。今日はまあ、捜いてみてごしぇ」と言いなさるので、梯子をかけてアマダへ上がってみたら、アマダの隅からピッカピッカピッカ光るもんがある。

「あれがテッチン坊だ」と言ったのはよかったけれど、とてもこわいので、

「おまい、先行け。おまい、先行け」と言いあっていたが、

「いっしょに行かぁ」ということになって行ってみたら、ほんとに椿の杵だったそうです。それを下へおろして割ったところ、精が入っていたので血が出たそうな。それでお坊さんが、

「椿の木では打ち杵はするんじゃない。精が入っておったんだから」と言ったそうな。それから、ずーっと村の人が捜し回って、南の方の池を干したら大きな鯉がおったので、そいつを捕ってきたり、北の方に行って、昼寝している狐を捕まえてきたり、まだ西の方に行って竹薮の中

に古い鶏が一羽おったのを捕ってきたりして、それを肴（さかな）にみんなで盛大に酒盛りをしたそうな。

そのうち修行僧がみんなに、

「なんとこの寺を、私にくださらんか」と言ったら、

「いや、あげますのなんて、ここで信心してごされりゃあ、喜んでおまえさんにあげます」ということになった。そしてそこはりっぱなお寺になったという話。

こっぽり。

〈伝承者　別所菊子さん・明治三十五年（一九〇二）生〉

昭和六十三年（一九八八）八月二十日にうかがった話の一つである。別所菊子さんは明治三十五年生まれの小柄な方だったが、じつにしっかりとした記憶力の持ち主だった。このとき米子工業高等専門学校の天神川流域民俗総合調査があり、その団員だった私が別所さんをお訪ねしたというわけである。訪問は翌々日にも行い、別所さんからは合計二十話を録音させていただいた。懐かしい思い出である。

さて、この話は関敬吾博士の『日本昔話大成』によって、その戸籍を調べてみると、「本格昔話」の「十四　愚かな動物」の中に次のように紹介されている。

二六〇　化物問答（AT八一二）

1、旅人が古屋に泊まると、化け物が出てきて謎言葉（北山の白狐・南池の鯉魚・東谷の三足の馬・西竹林の一足の鶏など）というのをいいあてる。以後、化け物は出なくなる。

こうして別所さんのそれを比べると、戸籍の北山の白狐は別所さんでは、北の広野の白狐であり、同様に南池の鯉魚は南の大池の古鯉、東谷の三足の馬は東の藪の馬の頭、西竹林の一足の鶏については、正体を見破る箇所は脱落しているが、最初の化け物が訪ねて来たおりの、寺に住む化け物である椿の杵との会話から、サイチクリンノケイと答えているところから、それを漢字で音読みにすると解すれば、西竹林の鶏となるので、それぞれがみごとに対応していることが理解できる。

つまり、この昔話のおもしろさは、怪物たちの名前について普段訓読みで使っている言葉を、いかにも教養めかしたように音読みに変えて名乗らせているところにあり、そこからくるところの一見、摩訶(まか)不思議な雰囲気を聞き手が楽しむ点にあるように思われる。そして、それぞれの名前の持つからくりを僧が喝破(かっぱ)して正体を見破ったことにより、彼らがそれまで持っていた神通力を封じられて退散してしまうが、翌朝、訪ねてきた村人たちに、僧はあれこれと指示し、怪物を退治させる。そして旅の修行僧はその寺の住職に収まるという筋書きになっている。

この背景にあるのは言霊(ことだま)信仰である。つまり音読みの言葉から、正体を知られてしまえば、怪物の力は消え去り、見破ったものに彼らは勝つことができないという法則が見られると解釈できる。

この話はなかなか人気があるようで、山陰両県のあちこちで聞かれている。たとえば倉吉市広瀬での伝承を見ると、原題を「ていてい法師」といっており、元気のよい力持ちの若者が古い寺に出る化け物を退治に出かけて、みごと成功するが、その中で以下のような表現が見られる。――化け物なぞは正体を見破って、それに対応する「カマエ」をすればええもんだ――(『ふるさと小鴨谷』第一輯・上小鴨文化協会・昭和四十六年発行)。そこからも先の理由の正しさが鮮明に証明されるであろう。他の地方のものも大同小異で、寺へ訪ねてきた怪物の名前を言い当てることによって、怪物は退治されてしまう。

昔の文献を捜してみると、平安時代後期の『今昔物語集』の二七・一〇「仁寿殿ノ台代ノ御燈油取リニ物来レル語」に出てくる怪物の話とか、『室町時代物語大成』九では「付喪神記」で、人に捨てられた古道具が妖怪に変わって人を襲う。すると天童が現れて妖怪を調伏するという話が、それらの原型ではないかと思われる。

さらに近隣諸国に仲間を求めてみると、サハリン、韓国、中国、インドネシアなどにわが国の話に近いものが見られる。ここで中国の漢民族に伝えられている話の概略を見てみよう。

薬行商が桃園の桃を食べ、樹上で居眠っていると、樹下で虎と馬と羊の首をした三人の小人が酒盛りをはじめ、続いて鹿と牛と犬と鬼の首をした四人の小人が加わる。虎首が「人の匂いがする」と騒ぎ、行商は見つかって木を揺さぶられるが、夜が明けるとすべて姿を消す。桃園の夫婦がごみの中の箱に泥で作った虎や馬を見つける。二十年前に死んだ子どものおもちゃを捨てたものだったので、召使いにすべて砕かせた。

古くなったものが妖怪化するモチーフについては、まさにわが国の話とそっくりなのである。国は違ってもものの考え方が共通する点でなかなか興味深い。そうして考えれば、発想法が同じということは、多くの他の考え方でもいえることであり、このような理解をしあうことから、案外、平和外交が展開されていくものだと、ふと思ったりするけれど、読者のみなさまはこの私の考えについて、いかがお感じだろうか。

川北貞市さん・順一さんのこと

鳥取県東伯郡三朝町曹源寺の川北さん宅を最初にお訪ねしたのは、昭和五十四年（一九七九）九月二十三日のことであった。この日、三朝町でわらべ歌を収録しようと努力してみたが、なかなかよい伝承者が見つからず、もし、もう一軒訪ねてだめなら諦めて三朝温泉のホテルにでも泊まろうかと思って、たまたま外におられた順一さんに声をかけたら「どちらからお見えですか」と聞かれ、「松江からです」と答えたところ「他県の方がわざわざこの地に来られたのなら協力しなければなりませんね」と近くのお宅を紹介されたものの、やはりそこでも断られ、意を決して帰りかけたら、再び順一さんに出会い、「だめでした」と答えると「それならうちの父はどうでしょうか」と自宅に案内された。

そこで父親の貞市さん（明治四十年生）から次々と二曲うかがい、さらに貞市さんがマイカーで親しい方々を呼んで来られ、合計五三ばかりの曲を教えていただくことが出来た。このおり録音くださったのは、貞市さん以外には川北静枝さん（大正六年生）、高天喜美子さん（大正五年生）、西田昌さん（明治三十四年生）だった。そして夕食に当地名産ニジマスのご馳走が出た上に、そのまま泊めてくださったのである。また順一さんは、後、三朝町の教育長となられた。今もご一家とは親しくさせていただいている。

運の良いにわか武士

運の良いにわか武士

東伯郡三朝町大谷

昔あるところになあ、侍に好いた好いた人がおって、侍になりたくてたまらないけど、侍にゃあようならんし、何とかなりたいもんだと思っていたそうな。
あるときその人が旅に出ようと思って、山道を行っていたら峠にさしかかった。ところが、峠に石の上へ腰をかけた侍さんが、ちゃーんと座っておるのだって。その人は、侍さんだから、無礼があったら斬られるだろうと思って、
「お侍さん、ご苦労さんでございます」と言ってもその侍は返事をしない。いくら「ご苦労さんでございます」と言っても返事をしない。それから側へ行ってついてみると、その侍さんは目を剥いたまま死んでいる。
——おお、こりゃあまあ死んどるわい。やれやれ、こりゃあええことだ。わしゃ侍になりたいと思っとったに、これが死んどるけえ、ちょうどこんなのべべえをはいだれ——とその人は

思って、それから侍さんの着物をみなはいで、自分が着て、自分の着物を侍に着せて、それから刀差いて峠を越えて行っていたところが、殿様の行列がやって来たのだそうな。

――こりゃあえらいもんが来た。ひかかったらこわい――と思って、それからその人は畑の方に飛び降りて隠れていた。そうしたら殿様の行列がそれを見つけて、家来に、

「今、そこへ行ったんは、あれはだれだか聞いてこい」って殿様が言われたそうな。それから家来が聞きに行った。

「おまい、何ちゅう名前だ」て言ったら、早速のことで名前は出んし、

――はあてなあ、何だってったらええか――と思ったら、そこが畑だったから、縁(へり)の方に青菜がいっぱい植えてあるし、それから縁の方にカンピョウがあったって。その人は、

――これこれ――と思って、

「青菜カンピョウと申します」と言ったら、

「はあ、そうですか」と使いはそのことを殿様に言った。すると殿様は、

「はあ、青菜カンピョウか。わしの家来にならんか聞いてこい」。それから家来がまた行って、その人に殿様のことばを言ったところが、

「はあ、家来にしてもらいます」ということになった。それから家来にしてもらって、宿へつ

いたところが、どこの家中でもあるようで悪い家来もおって、それがその宿で、

――殿さんを殺いたれーっ――と思って、ねらっていたところが、それとは知らずに、その青菜カンピョウが隣の部屋で見ていたら、弓が立てかけてある。槍もある。いろいろとある。その弓を持って引いていたら、ふーっと手がはずれて、矢が飛んでしまったって。そしてその矢が、その殿様を殺そうと思ってねらっていたやつの目の玉へ当たって、それで死んでしまった。それで殿様が、

「いったい何でおまえはこれを知っとった」と言われる。

「いや、わたくしは目ん玉は両方ありますけど、毎日、晩の一晩のうちに片っぽうずつしか寝ません。夜中まで右の目で寝たら、夜中から夜が明けるまでは左の目で寝ます。それで半分の目はちゃんといっつも起きとります。それで分かったです」。

「はーあ、りっぱな心がけだ。はいっ、褒美をとらせる」。そういうことで、

――やれやれいい気をしたわい――と思って、そいからひょっと、またついて行ったところが、次の宿へ泊まるようになった。

ところがそこの近くに、大きな溜め池があって、そこに蛇が出るという話だ。

「殿さんに蛇を退治てもらいたい」と村の者が願い出てきたので、さあ殿様が、

「おい、蛇を退治る者はないか」。たら、その青菜カンピョウが、

――やれやれ、この侍暮らしはいやになったけに、何でも逃げたらないけん――と思って、

「はい、わたくしがやります」と言った。それから行きがけに、昔は米を挽いて粉にして、その粉をなめていたから、その粉を二袋買って、そうして出かけたそうな。そして他の家来といっしょについて行っとったのだそうな。その蛇の住んでいる池まで行って、

――さーて、困ったもんだ。こいつ、家来がおらにゃ、おら逃げたるだけど、家来がおるけん逃げようはないし、困ったもんだ――とぶつぶつ言った。そうしていたら、池の中からぶくぶくっと泡がたったたと思ったら、蛇が頭を出してきて、ひょーっとこっちへ向いてやってくる。ああ、青菜カンピョウは恐ろしくてかなわないそうな。

――あーら、どうしたもんか――と思ったが、名案が浮かんだそうな。買っておいた粉を袋ごと、蛇の口めがけてたーっと投げたら、その袋をごぼっと蛇がくわえたそうな。何しろ中が粉なんだもんだから、蛇は喉へつまって息ができんようになって、とうとうそこでのびてしまったって。

「さーあ、しめたもんだ。おい、死んだ死んだ、おい、おまえらち、これをひっくくって持って帰ろう」と言って。

さーあ、それで持って帰る。青菜カンピョウはまた殿様からご褒美をいただいたそうな。しかし、青菜カンピョウは、

——こりゃあ、とってもいつまでもこがないい話ばっかりはないから逃げにゃあいけん——

と思って、それから夜の間に、その宿を抜けて逃げてしまったって。

そういう話。昔こっぽり。

〔伝承者　山口忠光さん・明治四十年（一九〇七）生〕

昭和六十三年（一九八八）の八月、米子高専が行った天神川流域民俗調査のおり、調査員として参加していた私が大谷地区にお住まいだった明治四十年生の山口さんをお訪ねしてうかがった話の一つがこれであった。山口さんは、実に優れた話者であった。

さて、士農工商と身分の固定していた時代、武士に憧れた村人がいたとしても不思議はない。この話はそのようなかなわぬ夢を追っていた人々の心理の中から生まれ出たものと想像される。関敬吾博士の『日本昔話大成』によって分類の位置づけを見てみよう。それは「笑話」の「二　誇張譚」の中に次のように紹介されている。

四六六　炮烙売の出世（AT一六四〇）

1、ある男が死んだ侍を発見し、その着物、大小を盗んで偽侍になる。2、(a)弓矢をいたずらして盗人（鳥）にあたる。(b)落馬して鳥を拾う。(c)化け物退治を命じられる。女房がその男の素性を疑い、殺そうとして弁当に毒を入れる。化け物がそれを食って死ぬ。(d)麦粉が化け物の口に入って退治する。3、幸運を得て、結婚する。（怪我の功名・運の良い俄武士ともいう）

山口さんの話をこの分類の型と比較すると、基本的には1、2(a)+(c)の一部）+(d)となり、

（3）の部分は欠落していることが分かる。しかし、一方、この欠落部分は、山口さんの語りの特徴である（2）の(a)と(c)の一部、さらに(d)の共存の上に、化物（山口さんの話では蛇となっている）退治の後、姿をくらましてしまう結末から、（3）がなくてもごく自然に完結していると考えて差し支えないのである。こういったところが昔話の地域性といえるわけで、私たちに昔話の世界の尽きせぬ興味を感じさせるところであろう。

ところで、類話の山陰地方での分布状況はどうなっているのであろうか。まず鳥取県から見ると、日野郡と八頭郡若桜町で一話ずつ見つかっている。しかし、類話であることは分かるが内容はかなり違っている。

まず、日野郡の話であるが、ある愚かな男が武芸の達人を婿にするという家に応募し、手並を見せようと弓矢を取っていると、その矢が飛び出し、庭先に忍び込んでいた泥棒にあたる。それでその家の入り婿に収まる。評判を聞きつけ殿様に呼び出され、空飛ぶ鳥を射落とすよう命じられる。男がむちゃくちゃに矢を射ると、鷹がぶるぶるふるえながら飛ぶ矢を見て落ちてくる。男はたくさんのほうびをもらう。次に領内の田畑を荒す大蛇退治を言いつかる。麦の粉を袋に入れて出かけ、松の木に上って休んでいると大蛇が登ってくる。男が恐ろしさにふるえると麦の粉の袋の口が開いて、麦の粉が蛇ののどに入って蛇は死ぬ。男は蛇の両眼に矢を突き立てる。

八頭郡若桜町の話は、農業をしたくない若い者が両親の許しを得て都会へ出ようと旅をする。宿に泊まったとき、泥棒が入る。以下、日野郡の話に似たような筋書きで最後に本当の弓の名人になるというのである。

一方、島根県では仁多郡奥出雲町竹崎の田和朝子さんから私が一話だけ収録しているが、これも前半部分が大きく変化しており、わずかに同類であることが分かる程度である。

豊吉という若い者が大社参拝を思いつく。横田まで出たら雨が降り出したので、戸田屋で雨宿りをするが、止まないので戸田屋の番頭さんに笠を借りる。戸田屋では「貸せるものがないから」とヘーグの糞よけをやる。男がそれをかぶって行くと、木次あたりでその笠が雨にたたかれきれいになる。それは金と銀の張り合わせの陣笠だった。大東まで出たところで大家(たいけ)から呼び止められ、陣笠ほしさに婿にさせられる。ある日、松江の殿さんところへ行くことになる。馬に乗せられ出かけると、大橋のところで家の者に言い含められた家来が、婿の馬の尻をたたく。そのはずみで男は川の中に槍を持ったまま落ちるが、偶然に大きな魚を突き刺す。そのようにして手者だといわれる。次いで別な大家の化物退治を頼まれる。夜中に南下が出るので矢を射ようとあせっていると、たまたま矢が飛び出し、何かに当たり静かになる。朝、みなが行くと大蜘蛛が死んでいた。男は本当に大家の婿に収まる、というのである。

先にも触れたが、身分変更はかつての人々のロマンだったのだろう。それが各地にこのような話を伝承させていったものと思われる。職業選択の自由が保証されている今日、みなさんにはどんな理想がおありだろうか。

アジア口承文芸アーカイブネットワーク構築国際会議のこと

平成二十三年（二〇一一）七月二十八・二十九日両日、韓国ソウル市郊外の韓国学中央研究所でアジア口承文芸アーカイブネットワーク構築国際会議が開かれ、日中韓三国の関係者が集まった。

各国二名ずつの研究発表があり、日本からは専修大・樋口淳教授〈東アジア民話データベースの可能性〉、岩倉千春講師〈ＦｉｌｅＭａｋｅｒを使用した民話データベースの作成〉が発表した。私（酒井）と岡山大・辻星児教授は韓国側の要請で討論者の立場で参加した。会議は真剣そのもので、インターネット上でお互いが検索できるデータベースを作り、ヨーロッパ、アメリカ中心の分類規範から離れ、独自の分類案を模索し、いずれは世界をリードするようにしていこうとするものだった。

韓国、中国では国家予算を投入し調査員を養成して、口承文芸調査を実施。資料集を刊行中である。それに比べてわが国の方は以前に民謡調査は行われたものの、民話調査に至っては、個人の研究者に任されたままで何の手立ても講じていないのが実情である。

それはともかく、アジアにおいてもこのような口承文芸を記録しようと、それを重視した傾向が強くなってきている事実を、私たちは知った上でそれぞれの立場で活動を続けていきたいものである。

禅問答

禅問答

倉吉市湊町

これは昔の話だけれどねえ。昔々、和田に定光寺という大きな寺があった。そこによいおっさん（住職のこと）が来られた。そのことを聞いたのが鳥取の天徳寺さんだって。

「なんと、和田の定光寺にええおっさんが来られたちゅうことだが、いっぺん、問答をかけに行かしてもらいます」という使いが定光寺に来たのだって。

そうしたところが、定光寺のおっさんが、

「はあて、困っちゃったがなあ。わしゃ寺ぁ金で買ぁてきただけんなあ。わしゃ問答なんかのことを知らんだが」と本当にそれが苦になって苦になって困っておられた。

ところで、その和田の定光寺の十六羅漢さんというのが、そのころたいそう流行って、そこへ参る者はどのような願いごとでも聞いてもらえるということで、参る者が多かった。さて、その和田にチョチ兵衛という者がいて、このチョチ兵衛が、

「おら、いっそのこと百姓なんかやめて、饅頭屋(まんじゅうや)にならあかい」ということで饅頭屋になった。そして、「今日は餡(あん)が顎(あご)について食われない」「今日、餡が柔らかかった」と言って、饅頭だけはどうしてもうまく行かなかったのだって。

そうしていたところが、嫁さんが、

「お父っつぁん、大きな饅頭にして安うに売りゃどがぁならえ」と言った。

「うん、そうだわ。大きな饅頭だったら、ちいたぁ顎についてええし、なんでもええわ、がいな饅頭こしらえようや」ということになって作ったら、大きいのが評判になったって。それでたいそう流行ったのだって。いつもぞろぞろぞろぞろ饅頭買いが来る。しかし、それは流行ってよいけれど、おっさんがひどくこのごろやつれてこられたので、

「なーんと、和尚さん。あんた、このごろどこぞ具合いが悪いことはないかな」とチョチ兵衛が聞いたら、

「おらなあ、どこも悪いこたぁないが」。

「だけれど、おらが一ヶ月ほど饅頭屋でここ借りておるけれども、あんたはだんだん何だか弱られるようなだが、診てもらいなはんしぇよ、お医者さんに」。

「ええ、別にどこが悪いちゅうことはないだけん」。

しかし、チョチ兵衛が再三聞くものだから、それでとうとうおっさんも、

「じつはなあ、チョチ兵衛さん、天徳寺さんが三月の十六日に問答掛けに来るのに、なんとわしゃ問答知らんだいな」。

「問答ちゅうようなもなぁ、算数みたあなこたぁにゃあだらあがな。まあ、二二が四、ちいことにならあでも、きゃ、ええ加減なそれに間に合ぁちゅうことになりゃええだらぁがな」。

「うん、まあなあ、そういうやぁなことだ」。

「ま、それなら、任せなんせ、おれに。おれが代わって務めてあげるわいな」てチョチ兵衛が言っただって。

そうしたところが、いよいよ三月の十六日になって、昔のことだから天徳寺さんがお供をぞろぞろと連れて上井（あげい）から行列が続いたのだって。そうして倉吉の大岳院が中宿で、そこまで来られ、ちょっと落ち着き場で休んで向こうへおったのだって。

そうしたら、それからチョチ兵衛が門のところで饅頭を売っており、そうして、

「はあ、二銭だ、二銭だ。饅頭、二銭だ」と大きな声をするものだから、定光寺さんが、

「まあ、チョチ兵衛があがなこと言って、おれに任せなんせ、言ったけど、なんだあ、わは饅頭ばっかり売っとってからに。おりゃどがぁにするだ。こりゃ困っちゃったがや」と言ってお

られたところ、そのチョチ兵衛が走って上がって来て、

「問答を出しなんせ、出しなんせ。はい、はい」という具合で服装を一式借りて整えていたところ、天徳寺さんがいよいよやってきて定光寺の段々を上がって、そうして白いホッスを縦にシュッとふって、次に横にパーイパイとふられたら、チョチ兵衛も同じように、

「おれもやったるかい」とやったのだって。そうしたところが、向こうが一礼された。向こうがしたなら、また、こちらもしようとチョチ兵衛も同じようにしたら、今度は天徳寺さんは手を大きく円くし饅頭のようにされたのだって。するとチョチ兵衛は、

「なんだい。この天徳寺、おれを饅頭屋とみたな。よし、いつもは二銭だけど、こがながいな寺の和尚さんなら、三銭でもよい」と指を三本出した。ところが、相手は今度は指を二本出されたのだって。それでチョチ兵衛は二銭のものを三銭で売ろうと思っていたら、それより高くは買わないのか。五と出したが、あれは何だろうかと思ったが、すぐ、――ああ、五つごしぇ――ということだな、と思って、それで、

「うん」と言った。そうしたところが天徳寺さんが、

「けっこう、けっこう」と言って帰られかけたので、

「いや、ちょっと待ってください。昼の馳走もちゃんと用意してありますのでどうぞ」と言っ

たら、

「いやーぁ、ご馳走なんかは一つもいらん。ああ、これでなあ、わしゃ満足した。定光寺にはええ和尚が座られた」と言って帰られたのだって。

そして、その和尚さんは大岳院まで帰ってから話されたのだって。

「まーあ、りっぱな和尚だ」。

「今日の問答は、どがぁな問題を出されたかい」。

「はあ、わしは地球と出したらなぁ、なら、向こうは三千世界と言われた。それでは日本は、って言ったらなぁ、眼（まなこ）にある、と言う。五界はないかって言ったら、ぅん、て言われた。そいでなあ、ように満足した」。

「あーあ、それはりっぱな問答だったし、よかった、よかった」と、大岳院さんの方では言われていたと。

ところが、チョチ兵衛の方では、

「なんとおまえは、どがぁな問答だった」。

「なーんだ、おれ、饅頭屋とみとったと思って、大饅頭と出いたけえ、三銭だ、と値上げしたった。そうしたところが二銭に負け、言ったけえ、アカベーて言ってやった。そがしたところが五つくれて言われたけえ、よし、とこうやった。饅頭の問答だった」。

「ああ、そうか、そうか」。

聞いてみたところが、そういう問答というものは理屈にはまればそれでよいので、それで両方とも満足されたっていうことだって。

〈伝承者　名越雪野さん・明治四十年（一九〇七）生〉

お互いに自分の立場で相手の問いや答えを判断し、自身の立場のみで都合のよいように解釈して満足しているという笑い話である。しかも、一方は知識人の和尚であり、対するは庶民階級の饅頭屋という取り合わせの奇妙さがまた、いっそうのユーモアを醸している。

それではいつものように関敬吾博士の『日本昔話大成』から、その戸籍を紹介しておく。これは「笑話」の「三　巧智譚　B　和尚と小僧」の中に位置しているのである。

五二〇　蒟蒻問答（AT九二四）

餅屋（豆腐屋）が和尚に代わって旅僧と問答する。1、(a)旅僧が小さな輪をつくり「太陽」はと問う。餅屋は小さいと解する。(b)餅屋は、大きい輪をつくる。僧は世界を照らすと解する。2、(a)僧、指を三本出して、三千世界はと問う。餅屋は三文で売れると解する。(b)餅屋は指を五本出して五文だという。僧は五戒で保つと解する。3、(a)僧、指を四本出して四恩はと問う。餅屋は四文にまけろと解する。(b)餅屋はいやだとあかんべする。僧は目の下にありと解する。（唖問答ともいう）。

こうして眺めてみると、倉吉市の話は餅屋の代わりに饅頭屋、旅僧の代わりに鳥取の天徳寺の和尚ということになっており、後はほとんど同じである。ただ、倉吉市の方は問答のための天徳寺さんの道中の中宿に、倉吉の大岳院という寺が用意されている点など、こちらの方が工夫された筋書きになっていると解釈できる。さらに天徳寺さんの行列が上井から続くなどと、かなり誇張された内容で語られている。このあたり、地方色のおもしろさが垣間見られる。

ところで、類話についてみると、鳥取県では、これまでに二話ほど収録されている。一つは昭和四十五年に発行された稲田浩二・福田晃編『大山北麓の昔話』（三弥井書店）の中にあり、東伯町の休玄寺の和尚に京都にある本山の妙心寺の雲水が問答をしに来ることになっており、和尚に代わって対決するのは、やはり饅頭屋となっている。また、いま一つは昭和五十年に出された福田晃・宮岡薫・宮岡洋子編の『伯耆の昔話』(日本放送出版協会）にあり、中山町（現・大山町）の話で、大家の寺の方丈と馬鹿な坊主が寺に釈迦を迎えるため唐の国に行き、釈迦と問答をするが、言葉が分からないので手真似で問答をし、結局は釈迦の出した問答を、スレ違いの解答ながら正解と釈迦が思い、みごと日本に釈迦を迎えることに成功するという筋書きになっている。

一方、島根県では五話ほど見つかっている(出雲地方、江津市、温泉津町、西ノ島町、海士町)。このうち海士町の話は私が昭和四十八年（一九七三）八月三十一日に多井地区の木野谷タマさん(明治十九年生）からうかがったもので、簡単に述べておくとこうである。

崎村（海士町崎地区の地名）の坊さんが世界はという意味で片手を広げる。多井（同じく海士町崎地区の地名）の坊さんが両手を広げて十方を示す。崎村の坊さんが極楽はという。多井の坊さんは手を目の下に当てて目の前に、と示す。崎村の坊さんは帰る。そばにいた菓子屋が、どのような問答をしたのかと聞く。崎村の坊さんが菓子の値はいくらだと聞くので、十文だと言った。すると崎村の坊さんは五文にまけろというのでアカンベーをしたのだと多井の坊さんは答える。

語り手の木野谷さんは、九十歳を越えて亡くなられた。私にとって懐かしい話の一つなのである。

鶴の恩返し

鶴の恩返し

西伯郡大山町前

なんとなんとあるところに、昔があったげなわい。

じいさんとばあさんとおって、ばあさんが木綿(もめん)を引いて、二反ずつ二反ずつ木綿をこしらえて、そうして淀江に持って行ってじいさんが売っておられる。そして一反分で米を買って一反分は綿を買って帰って、毎日毎日そうして、ばあさんが木綿をこしらえられたら、また、じいさんが売り行かれるしししていた。

あるとき、また、二反出来たので、

「じいさん、また、二反出来ただけん、淀江に行きて代わりの綿を買あてきてごっさいよう」と、ばあさんが言った。

それから、じいさんは買いに行かれたところが、晩田(ばんだ)の堤のそばで罠(わな)がしかけてあって、その罠にみごとなみごとな鳥がかかって、羽をパターンパターンとしてもがいているので、

――やれこりゃ、ま、これ、離いちゃらにゃ、これ、たっても死ぬうだが、ほんに。鳥、離いちゃりゃあ、鳥は喜ぶだども罠をかけた者には後生が悪あし、どげしたもんだらあか――と思っていたら、

――ほんに、おら、木綿負っちょうだけん、この木綿一反掛けちょいちゃりゃ、罠掛けた者も喜ぶし、鳥も喜ぶ、ほんにそげしょーかい――と思って、そうして荷を下ろして木綿を罠に掛けて、おじいさんがその鳥を離してやられたら、喜んで鳥が発って行ったのだって。

それで、おじいさんはこれまで淀江に行って一反分だけ綿を買っていたけれども、買いようがなかったので、今度は、米だけ買ってもどって、

「ばばや、ばばや、こげなわけで、わりゃ鳥がかかっちょって、あんまりかわいそうなので木綿一反掛けちょいて離いちゃったわい」と言われたら、

「そりゃよかったのう、ええことしちゃりはったのう」とおばあさんも言っておられた。そうして、二人が夕飯を食べていたら、感じのよい女の人が、

「ごめんなさいましぇ」と言って家の中へ入って来たので、

「はい、はい」と二人が言ったら、

「なんと、おらは、この奥の方のかかだが、道に迷って今ほんに入り込んで来て、きゃ、暗ん

なっていのるとこが分からんが、今夜、泊めてごしなはらんかい」と言うので、二人は、

「なんぼなと泊まらはいだども、家には、米だし何だしあれへんだが」と言ったら、

「いや、米だり何だりいらんけえ。持っちょうますけん」とその人は言う。そして、

「鍋一つ、貸してごしなはい」と言って鍋を借り、紙袋から米を出して、それからご飯を炊いて、それから、

「おじいさんもおばあさんも食いなはい」と言って、炊いたご飯を二人にも食べさしました。

「いつもお粥や雑炊食っちょうに、まあ、久しぶりでこげな米の飯、食った」と二人はとても喜びました。

そうしたら、明くる朝間、ひどい雨が降るので、女の人は、

「なんと二、三日、おらに宿してつかわはらんか」と言う。

「なんぼでも泊まらはってもいいでよ」とおじいさんやおばあさんも言いました。すると、その女の人は、

「表（表座敷）を、ひとつ貸してつかあはいな。二日、三日、だれんだり入らずと、け、戸だい何だい開けずとおってごしなはいよ」と言って、それから、表の間に入って行きました。

――ま、何すうだらか――と思って、二人がそろーっと戸の節穴から表の間をのぞいて見たら、鳥が自分の毛を抜いては機を織り、毛を抜いては機を織りしていた。

「ああ、こらまあ、ほんに、あの罠に掛かっちょった鳥だわい」とおじいさんは言いました。

それから、女の人は三日目に部屋からできあがった木綿を一反持って出て来て、

「あの、これ、木綿買いさんとこへ持って行きて、売って来てごしなはいよ」と言っておいて、そのまま鳥になって発って行ってしまった。

おじいさんはそれから、淀江の木綿買いさんのところへそれを持って行ったら、

「こらとてもわが手に合わぬ。買われぬ。こげな高いものはよう買わんけん、松江の殿さんとこに持って行きてみい。ええ値段で買ってもらわれえけん」とその木綿屋さんが言われたので、おじいさんは松江の殿さんのところへ持って行ったら、殿さんは、

「いいもん持って来てごいた。これは鶴の羽衣てえもんだ。これがほしかったに、だれんだり持って来うもんがないだけん、買あやがなかった」と、たくさんたくさんお金をくださった。

おじいさんはとても喜んで帰って、それで、少しずつ少しずつ木綿を織って米を買っていたのに、そうまでしなくても、二人休んでいても食べられるようになって、後でとても喜びなさったそうな。

その昔、こんぽちゴンボの葉、和(あ)えて噛んだら苦かった。

〔伝承者　片桐利喜さん　明治三十年（一八九七）生〕

語り手の片桐利喜さんは、明治三十年（一八九七）十月二十日に大山町で生まれておられる。これは私が昭和六十一年（一九八六）八月四日に、当時広島修道大学生の波多野祥子さんと一緒に、片桐さんのお宅にうかがい聞かせていただいた、おなじみの「鶴の恩返し」の伯耆型の昔話である。そしてこれは親切で欲のない老夫婦の善意が、思いがけなくも幸運を呼び込むという結果を招くことになる話である。

まずこの昔話の戸籍を、関敬吾博士の『日本昔話大成』によって眺めてみよう。それは本格昔話の「二、婚姻・異類女房」の中に位置を占めている。

一一五　鶴女房

1、傷つきまたは殺されようとしている鶴（山鳥・雉子・鴻・鴨）を若者が助ける。美女が訪れてきて妻になる。2、女は機屋（はたや）で機を織る。機を織っているところはのぞいてはならぬと約束する。3、布が高価に売れる。夫は再び布を織るようにたのむ。4、夫が機屋をのぞくと、鶴が羽毛を抜いて機を織っている。5、女は正体を発見されて去る。

比較してみると、基本的には大山町の話も同じであるといえよう。しかし、細かく眺めてみると、片桐さんの話には地方色が豊かに示されていることが分かる。

最初に鶴を助ける主人公が、『日本昔話大成』では若者であるのに対して、大山町の方ではじいさんである。そして、このじいさんは独り者ではなく、れっきとした妻（ばあさん）がいる。そして二人とも善意あふれた好人物である。また、恩返しに来た鶴も女房になるのではなく、娘のままである。そして、鶴が去るきっかけも二人が部屋をのぞいたためという強い理由は語られていない。

また、じいさんが出来上がった木綿を淀江の木綿買いのところへ持って行ったら、木綿買いは「こらとてもわが手に合わぬ。買われぬ。こげな高いものはよう買わんけん、松江の殿さんとこに持って行きてみい。ええ値段で買ってもらわれえけん」と松江の殿さんを紹介し、その結果、じいさんはたくさんなお金をもらい、老夫婦二人が休んでいても食べられるような生活が保障されるのである。

このような特色が見られるが、特に松江の殿さんの登場している点など、実に個性的である。この部分などは、昔の伯耆国と出雲国との隣国が、親密であった関係を暗に示しているように思える。また淀江についても、当地の中心的な地域であったことがうかがえるのではあるまいか。また、片桐さんの語り口もとても温かくて味わい深く、このような話に適した雰囲気で語っておられるのである。

ところで、繰り返すようではあるが、このように同じ「鶴女房」の昔話でも、地方によっていろいろと違いがある。そのことから思い出されるのが、隠岐の海士町保々見の公民館で、いまは故人となられた川西茂彦さん（明治二十七年生）から昭和四十八年（一九七三）六月十七日にうかがった鶴女房である。とても印象に強く残っているので少し触れておきたい。

この話では、鶴を助けた男のところへ鶴が女となって嫁に来る。そしてその女が機を織り、出来上がったものを男が町へ持って出て売ると高く売れる。夫婦ともに喜んでいると、嫁さんが奥の一間に入って、いっぺんに羽のない鶴に変わってしまい、「この金は必ずためになるように使ってほしい。今度、何かいらぬものがあれば買え」と言い残して去ってしまう。ここから後の部分は次のようになる。

で、婿さんは、

「いらぬものがあれば、値ように買うから売ってくれ」と言って、漁師町の方へ歩いて行ったところ、漁師が、

「あ、おもしろい男が出てきた。それなら海岸近くの藻葉を売ろう」と藻葉を売った。婿さんは金が半分しか残らないし、買った藻葉の始末にも困っておった。

そうしていたら、漁師の親方がやってきて、

「なんとまあ、一つ相談にきたが、乗ってくれんか」。

「何ごとかいな」。

「おまえに藻葉を売ったが、藻葉がなくなったら魚がおらんようになって困った。おまえの言うようにしてやるので、契約を解除してくれ」。

婿さんも本当は金がなくなり困っていたところなのでたいへん喜んで、

「そんなにおまえらが困っているようなら、契約は、まあやめましょう」と、言うほど金をもらってやめたわけだ。

それで人に報いれば、必ずそういういいことが報われてくるから、人は助けてあげなければならないと昔から言われている。

これなどは、まさに漁業の盛んな隠岐なればこそのアレンジのしかたであろう。特に「いらぬものがあれば、値ように買うから……」と藻葉を買ったところからのストーリーの発展のしかたは奇想天外でありおもしろい。

このように昔話はその風土に定着して、特色のある語りに成長しているのである。

奈良の民話を語りつぐ会（愛称・ナーミン）のこと

平成二十一年（二〇〇九）に結成された。会員は奈良教育大学で開かれた「民話語り手養成講座」（講師・竹原威滋同大学名誉教授）と「奈良昔ばなし大学」（講師・小澤俊夫氏＝口承文芸学者）を受講した有志であり、現在代表は小西雅子氏で名誉代表は竹原威滋氏である。毎月一回勉強会を持ち、奈良市立北部図書館で月二回おはなし会を開催したり、公民館などに出前語りをしている。また八月には奈良民話祭りをしているが、奈良の民話語りの他、紙芝居やわらべ歌を披露している。講演会としては小澤俊夫先生講演会（平成二十七年）、境港市の足立茂美先生講演会（平成二十九年）、そして設立十周年の企画では平成三十年（二〇一八）十月「山陰の民話とわらべ歌から」の題で、私が呼ばれて講演してきたが、大変な歓迎を受けたことは記憶に新しい。

令和二年（二〇二〇）十二月八日にはオンラインのテレワークで、それぞれ自宅のパソコンを使って三十分にわたり四人で話し合った。ナーミン名誉代表・竹原威滋奈良教育大学名誉教授、ナーミン代表・小西雅子氏と小西宏夫氏夫妻、そして私である。奈良県と島根県。遠く離れた地でありながら、映像を通して話し合ったのであるが、まるで同じ部屋で会話をしているような親しさを感じ、これからも活用しようと思ったことである。

身代の上がる話

身代の上がる話

西伯郡大山町前

なんとなんと昔があったところに、じいさんとばあさんとがおられたって。

それから隣のじいさんやばあさんは頑固者で、たいそう怠け者だったたって。

あるとき、じいさんは「草刈りに行こうかい」と思って鎌を研いでおられたけれど、井戸の縁でポチャーンと音がしたものだから、ばあさんが、

——あら、じいさんは井戸に落ちさったすこだわい——と思って井戸の中をのぞいて見られたら、やっぱりじいさんが井戸に落ちていたって。じいさんが、

「はや（早く）、ばばや、おら、井戸に落ちたけん、縄取ってごしぇ」と言うので、それから、ばあさんが縄を取ってあげたら、じいさんは自分の腰に縄を結わえつけて、そして、

「身代が上があわいのう。身代が上があわいのう」と言いながら上がってくる。ばあさんも一生懸命にじいさんを引っ張りあげる。そして、

「身代が上がったわいのう」と言われたら、なんと体中に、まあ、小判がいっぱいひっついているものだから、それで隣回りの子どもたちに頼んでその小判を取ってもらったりして、喜んでおられたって。

そうしたところ、また、隣のじいさんやばあさんが、それを真似しようとしたのだって。

「隣のじいさんががんじょうなだけん、また、朝ま疾うから草刈りい行くてて、ま、井戸に落ちて、銭ががいに（たくさん）ついて上がったてえだが、このじいさんは横着なだけん、寝てばーっかりござーだけん」と言って、ばあさんが怒られるものだから、また、じいさんも真似をして、

「ほんなら、おらも草刈りい行かかい」と言って、また、草刈り鎌を研いでいったら、井戸へ落ちられたって。

「はや、井戸に落ちたから縄取ってごしぇ（縄を取ってくれ）」とばあさんに言う。

それから、縄を取ってもらって、じいさんは今度は自分の首に結わえつけただって。そこで、ばあさんが、

「身代が上があわいのう。身代が上があわいのう」と言いながら引っぱりあげておられたけれども、

「上がったわいのう」と言われるまでに息が切れてしまっただって。

それで、「人真似なんかはするものではないぞ」と言って聞かされていました。

その昔こんぱち、ゴンボの葉、煮(に)えて噛んだら苦かった。

〈伝承者　片桐利喜さん・明治三十年（一八九七）生〉

解説

読者のみなさまはこれをお読みになると、典型的な日本昔話に属しているとお気づきになられるはずである。それは有名な「花咲か爺」とか「猿地蔵」「ネズミ浄土」などの話でおなじみの、主人公であるおじいさんは確実に成功して幸せになるのに対して、隣のおじいさんは、これまた必ず失敗して不幸な結末を迎えることに決まっているのである。こうして読者が納得されるのは、ここに紹介した片桐利喜さん（明治三十年生）の話も本格昔話の「隣人型」になるこれらの話の法則に、ぴったり当てはまることをどなたもお認めになるからである。

ところで、不思議なことはこの話は関敬吾博士の『日本昔話大成』を見ても、どこにもその戸籍が見つからない点である。いかにも自然な流れで語られるこの「身代が上がる話」であるにもかかわらず、その戸籍がないことはどういうわけであろうか。それはこのようなモチーフを持った話が、他の地方にはこれまでのところ、まだ収録されていないことを意味しているのにほかならない。だいたい、わが国の昔話は大きく言えば北は青森から南は鹿児島まで、ほぼ同じパターンで分布しており、話型の数はおよそ七五〇種類になる。ただ、アイヌ民族のいる北海道と台湾に近い奄美諸島だけは、これらの話種と異なった様相を示しており、独自の話型が見られるのである。

話を本筋に返そう。片桐さんの話はわが国の各地に見られるこの七五〇種類の型の中に入っていないということである。

ところで、私がこの話をうかがったのは、昭和五十八年（一九八三）七月のことであった。炎天下を言語伝承をたずねてあちこち回り、マイカーのおもむくまま、たまたま大山町高橋地区へ行ったところ、ちょうどお年寄りのみなさんが集まっておられたので、車を停めて昔話とかわらべ歌などを教えてもらおうと、話しかけたことから大山町前地区ご出身のこの片桐さんを知ったのであった。懐かしい思い出である。

片桐さんはこれらの方々の中で、とりわけ昔話を得意としておられたので、私はその後、何度かお宅へうかがってこのような昔話の数々を録音させていただいた。そして彼女の語り口のきめの細かく穏やかで優しいこと。しかも方言が生き生きとしていて実に楽しい。まさに昔話の語り手としてすぐれた能力を備えておられたのである。

さて、念のため簡単にこの話を眺めておこう。

話では主人公の老人夫婦の人柄については、特に何も語られていない。けれども失敗する宿命を背負っている隣の老人夫婦については「頑固者で、たいそう怠け者だったって」と述べられている。昔話の法則として、ここから考えても対極にある主人公は親切で勤勉な人物であろうと、自然に推定されてくる。

次に主人公は勤勉なるがゆえに、自分の意志で「草刈りに行こうかい」と鎌を研ぐのであるが、うっかりして井戸に落ちてしまう。そして地上に上がるためにおばあさんに井戸の中へ縄をおろしてもらい、それを腰に結びつけて引き上げてもらうとき、「身代が上があわいのう。身代が上があわいのう」と縁起の良い言葉を発しながら上がって行く。その結果、水神様の承認するところとなって多くの小判を授かる。こうして主人公の場合は「災い転じて福となす」のことわざ通り、失敗すら幸運を得るきっかけになっている。一方、隣人夫婦であるが、ただ、主人公を羨むだけで、単にその模倣だけを行うのであるが、縄を結びつけるおりに間違えてしまい、首に結びつけたため、死んでしまうという失態を演じてこの話は終わる。

繰り返すようだが、この話には今のところ類話は見つかっていない。けれども単独伝承と見えるこの話は、こうして眺めていくと確かにわが国の伝統的な昔話の手法をきっちり守って語られていることが理解できるので、そういう点からも私はきっとどこかに同類が存在しているのに違いないと今でも信じている。

よく考えてみると約半世紀にわたって昔話を尋ねて各地を回ってきた私であるが、新話型を見つけたことは、ここにあげた話のほか数例である。それほど新しい発見ができないということは、逆に考えればわが国における昔話の探求は、かなり進んでおり、たいていの話型は既に登録済みになっているということを、これは物語っているのである。そのことは柳田國男氏をはじめとして関敬吾博士、稲田浩二氏など、無数の先達の方々の功績に負うところが多い。社会構造が大きく変化して、昔話などがあまり語られなくなってしまった今日であるが、そのようになる以前に、せっせと昔話を収集し、資料として保存するよう努力を続けた研究者が、幸いなことにわが国には多数いたのであった。

このことについて山陰地方に目を転ずれば、島根県では第二次大戦後、謄写印刷でこつこつ江津市とその周辺部の民話を発掘され続けた森脇太一氏をはじめ、桜江町の牛尾三千夫氏、津和野町日原の大庭良美氏、出雲地方では出雲市の石塚尊俊氏、岡義重氏、松江市の田中瑩一氏などの活動が挙げられるし、鳥取県での仲間としては毎日新聞鳥取版に民話を連載された岩美町の山田てる子氏や、鳥取市の鷲見貞男氏、米子市の川上廸彦氏の各氏の活動あたりであろうか。他に佐藤徳堯氏も『山陰の民話』全三巻の著述はあるが、いわゆる昔話ではなく、伝説に属するものがほとんどなので、氏の場合はやや異質な存在といえる。

ところで、アジア民間説話学会に所属している私であるので、近隣諸国の状況について少し触れておきたい。

まず韓国である。アジア民間説話学会の会長だった崔仁鶴博士を中心にかなり整理が進んでいるが、中国の方はまだそれらの収録の段階であり、分類整理の結果を知ることなどは、今後に待たなければならない。なにしろ広大な面積と十二億の人口を擁しているのであるから、これは大変な作業になる。実際のところ、各省によって進み具合はまちまちであると、かの国の研究者の方々は話している。しかも、生活の変動はきわめて激しい現代である。中国でも昔話を温存してきた風土は急激に失われつつある。したがって、一刻も早いそれらの収録が望ましいのではあるが、そうも行かないところに、お国事情の厳しさがからんでいるといえよう。

今回は、片桐さんの話をもとに、話題はアジアの民話収録状況にまで発展してしまった。ともかく、この世界でも一国内で考察する時代は終わりを告げ、もっと大きな枠組みで考えることが必要になってきたようなのである。

八百比丘尼

八百比丘尼

米子市彦名町

昔、粟島の里に、今の粟嶋神社のあたりに漁師がたくさんおって、そうして漁師が講ていいますか、集会をしたんだそうですわ。そうしたらそのうちの一人がトイレに行きかけて、炊事場てえか、そこの料理場をのぞいたら、何か得体も知れず、魚とも動物とも分からんものを料理しとったたって。

そいから、帰って、

「ここのおやじはたいへんなものを料理しちょるぞ。あんな料理が出たって、みんなが食べえじゃないぞ」てって、まあ、話いちょった。

あんのたま、その料理が出て、そいで食べえもんは食べて、食べ残しはまあ、家内の土産にてって包んで持ち帰ったと。

そいから、他のもんは、

「あれは人魚だった、どうも」とか、
「あんなもん食べちゃあろくなもんはない」て、家へ持って帰らずに途中でみんな捨ててしまったら、一人のその酔っぱらった漁師さんが、捨てることを忘れて自分とこへ持って帰ったと。そうして、何か、戸棚なんかへ入れちょったら、それをそこの娘さんが、そのご馳走を取って食べてしまったと。

そうしたら、それが人魚の肉で、その食べた娘さんは、ずっと長生きして八百年まで長生きしたそうな。そいで晩年は、あの粟嶋神社の洞穴に入って八百年も生き長らえたそうな。そいでいわゆる八百比丘（尼）さんが、終生住んだというのはあの洞穴だという具合に私ら聞いております。

〔伝承者　河場敏雄さん・大正十五年（一九二六）生〕

以前、「千年比丘尼」とよく似た話で、平成七年(一九九五)にうかがっている。

この「八百比丘尼」と「千年比丘尼」の両者を比較してみると、寿命が八百歳と千歳というように、ただ、二百歳の違いがあるものの、物語の筋は同じとみてよいようである。そしてこの話が全国的な規模で伝承されている点も興味深い。さて、長寿を主題とした説話としてまず思い出されるのが、竜宮城へ招待された浦島太郎である。そして、男性が主人公であるこの浦島太郎に対して、こちらの方は女性が主人公となっている。また、時代や場所を特定しない「昔あるところに」で始まる浦島太郎の話の方は、説話の種類でいうならば、明確に昔話の特徴を示しているが、他方、比丘尼の話は、場所を特定しているところから、伝説のジャンルに入る点も対照的である。

私の調べたところでは、比丘尼の話は次のようにほとんど全国の地方で語られている。まずは分布状況を一覧表にしてみたい。

項目	伝承の確認されているところ
北海道	なし
東北地方	福島
関東地方	栃木・群馬・埼玉・千葉・東京・神奈川
中部地方	新潟・富山・石川・福井・岐阜・愛知・山梨・長野
近畿地方	三重・京都・和歌山・兵庫
中国地方	鳥取・島根・岡山・広島
四国地方	香川・高知
九州地方	熊本
沖縄	なし
合計	二六都府県

次に八百比丘尼伝説のモチーフを分解して示すと、おおむね以下のようになる。

1 (a)漁師たちが庚申講（頼母子講）などを行う。(b)漁師たちが竜宮などへ招かれる。(c)一人の漁師が竜宮へ招かれる。
2 料理に人魚の肉が出るが、みなはそれを食べない。
3 土産にその肉をもらう。
4 帰り道にその肉を捨てるが、一人はそのまま持ち帰る。
5 娘がその肉を食べる。
6 娘はいくら経っても年は取らない。
7 娘は尼になって諸国を巡行し、木を植えたりして回る。
8 娘は若狭の空印寺で八百歳（千歳）となって入定する。
9 人々はこの娘のことを八百比丘尼（千年比丘尼）と呼ぶ。

山陰地方で、同類を眺めると、ここにあげた米子市の「八百比丘尼」と、浜田市国府町唐鐘地区の「千年比丘尼」が双璧である。また、この他に、島根県隠岐郡の各地には次の伝説が残されている。まずは島後地区である。

西郷町（現・隠岐の島町）の下西に「総社」の玉若酢命神社が鎮座する。この神社の随神門を入った右側には「八百杉（やおすぎ）」あるいは「総社杉」といって、目通り周囲約十メートル、高さ三十メートルの大杉がある。

これは昔、若狭の国から人魚の肉を食べたという比丘尼がやって来て、この神社に参詣し、後代の形見にと植えた杉である。彼女は、「八百年経ったら、またここに来よう」と言ったので、世に八百比丘尼といわれたが、杉の方もいつしか「八百杉」というようになった。

ところが、いつのころからか、この「八百杉」の根本の洞穴に小さな蛇が棲みついた。あたかも杉の主のごとく、穴の中でいつもとぐろを巻いていたので、体が大きくなり、洞穴の口にも苔が生えて出られなくなった。

今でも、風の少ない暖かな日には、木の中から大蛇の大いびきが聞こえてくる。そばに足音がすると、それが止むともいわれている。（「総社の八百杉」野津 龍『隠岐島の伝説』・鳥取大学教育学部国文学第二研究室発行より）

次の話は島後地区の隠岐の島町、それに島前地区の西ノ島町にある。

西郷町（現・隠岐の島町）岬町中ノ津の海岸近くに、蛭子（えびす）神社という小祠がある。そこから十メートルばかり南に根元から二つに分かれた杉があるが、大きい方は直径一メートルもあろうか、これを昔から八百比丘尼が植えた杉といって「八百杉」と称している。

またこの杉の下には、年中清水の涸（か）れない泉があって、古く伊勢参宮をする者は、必ずここに立ち寄ってこの水を汲んだという。海の近くにあってもこのように水が豊富なため、この近辺の田んぼは干ばつの年によく出来、干ばつでないときにはあまり出来なかったという。

なお、姪子神社の「八百杉」以外でも、有名な総社の「八百杉」がある。さらに、五箇村（現・隠岐の島町）郡の水若酢神社、西ノ島町美田の大山神社、同じく西ノ島町美田の焼火神社の境内にも、それぞれ八百比丘尼手植えの「八百杉」があったという。（「蛭子神社の八百杉と泉」野津　龍『隠岐島の伝説』）

次の話は、いずれも島後地区である。

昔、島後の五箇村（現・隠岐の島町）に八百比丘尼という大層長命な尼さんがいた。彼女は、都万村都万（現・隠岐の島町）の釜屋の海岸屋那にやって来て、松を植えた。一夜の間に必ず植え終わる予定であったが、途中、鶏の鳴き声を上手にまねする男がいて、戯れに、「コケコッコー」と鳴いたので、完成しないで中止した。その松が現在の「屋那の松原」であり、残りの松苗は都万村那久に投げ捨てられたので、これが根づいて「尼の投げ松」といった。

この八百比丘尼は、後に若狭の国に行って亡くなったという。（「屋那の松原」野津　龍『隠岐島の伝説』）

こうして隠岐地方の伝説を眺めると、総社の八百杉、蛭子神社の八百杉と泉、屋那の松原のいずれも八百比丘尼が行った事績を語っている。それは先に示したこの伝説のモチーフからいうと、「7　娘は尼になって諸国を巡行し、木を植えたりして回る」の部分に相当するところが、単独で発達してそのまま独立した話になったと見るべきではなかろうか。

それでは、この伝説の意味しているところは、何だろうか。もちろん、これは不老不死を願う人々の気持ちが作りだした話であることはいうまでもないが、モチーフ一覧のところからも分かるように、海と関係の深い漁師が行った庚申講をきっかけに、長寿の薬である人魚の肉が宴席に提供され、そしてそれを食べた娘が長寿を得る。各地の伝説を眺めるとこの娘はあちこち巡行して松や杉を植えたり、人々に長寿を授けたり、あるいは天気を予報したり、観音像を製作したりしている。つまり、人々に幸せを授けて回っているのである。

海は神の住む世界である常世（とこよ）に通じている。そこで出された長寿の薬を食べた娘は、そのまま神の使者としての資格を獲得したのではなかろうか。その神は民間信仰上の素朴なものであり、別な観点から分析すれば、農業神などのそれであろう。このことは庚申講で祭られる神の性格から推定されてくる。神となった八百比丘尼はこれらの神が常にそうであるように、ときおり子孫の住む現世を訪問して、彼らが真面目に働いているかどうかを検証して回るのである。すなわち「稀（ま）れ人」といわれる神の姿を示している。これに対して、浦島太郎は特に人々に幸せを授けた神としての姿は見せていない。この点がまた両者の大きな違いでもある。

私は以上のように八百比丘尼の伝説を分析している。

平成十二年（二〇〇〇）十月、隠岐島の西郷町（現・隠岐の島町）で「全国八百比丘尼サミット」が開かれた。そこでは島後の町村やこの伝説の本場を称する福井県小浜市をはじめ、栃木県西方町、三重県安濃町、京都府日吉村などから集まっておられたが、私は、そこで以上のような観点で講演する機会を得たのであった。

『こまった時はわらべうた　うれしい時もわらべうた』

このタイトルは本の題名である。わらべうたネットワークうたぼっこの森編・尾原昭夫監修となっている。ひとなる書房発行のB５判。一四三ページの大型の本である。

わらべ歌をこよなく愛し、わらべ歌の教育的効果の大きさを活用すべきだと考えた四人の女性たち「わらべうたネットワークうたぼっこの森」が苦労して作り上げたという。

掲載歌は全国各地から採られた一五〇曲であり、よく知られているのが多い。例えば「上がり目、下がり目、ぐるりとまわって、猫の目」とか「夕やけ、小やけ、あした天気になあれ」などはどなたもご存知だろう。本書の最大の特色は、最初の「この本の使い方・楽しみ方」の説明の後に、二次元バーコード（ＱＲコード）があり。スマホなどで開けば全て聴けることにある。ただ、私が試みると、パソコンではははっきり聴けたが、スマホでは聴けなかった。やり方に習熟すればそれも可能になるのではないか。このようにバーコードから音源が引き出せる書物は、まさに最新の出版革新を示すもので、私も最近の著書『海士町の民話と伝承歌』で採用しており大いに歓迎したい。読者にメロディーを理解してもらうためには不可欠である。今後この種の出版が増えると考えられるので、本書はその意味でも先駆けを示すものとして評価したい。わらべ歌に関心を持つ方々に勧めたい本である。

わらべ歌編

『海士町の民話と伝承歌』のこと

このタイトルは今井出版から出した私編著のＡ５判で一八九ページの本である。

半世紀前、島根県立隠岐島前高校郷土部が海士町で集めた民話四九話と伝承歌一二曲が入っている。イラストは本書同様、海士町出身で同校出身の埼玉県三郷市在住である福本隆男氏が担当した。

話や歌ひとつひとつの解説の後に二次元バーコード（俗にQRコードといっている）がつけてあり、スマホなどでコードを読み取ると隠岐アイランズ・メディア（海士町）作成のユーチューブに飛び、半世紀前の語り手や歌い手の声が聴ける仕組みになっていることである。ただ、歳月の経過は厳しく、三点ばかりは音源が見つからない。しかし、文明の進歩の成果を逃さず活用することにより、亡くなった方々が、その当時、郷土部の諸君の懸命の聞き出しに応じて、笑顔で応じてくださっていた様子が、そのまま再現されるのであるから、これは海士町に伝わる貴重な無形民俗文化財を収めた歴史的な資料ということになる。まさか後年、このような形で高校の部活動の結果が、書籍化することになろうとは、当時は考えもしなかったことであった。

時代の進展によって書籍も日々進化していくものなのである。

じいとばば
えっと寝え

じいとばば　えっと寝え

【手遊び歌・仁多郡奥出雲町大呂】

じいとばば　えっと寝え
嫁は起きて　火ぃ焚け
婿は起きて　カンナ行け

〈伝承者　仁多郡奥出雲町大呂　堀江利治さん・大正五年（一九一六）生＝昭和四十三年五月収録〉

解説

これはアケビの花粉で遊ぶ歌である。アケビは五月上旬から中旬にかれんな花をつけるが、色は赤、白、紫色などさまざまである。それを見つけた子どもたちは、花から五つか六つの雌しべを手のひらに載せ、この歌をうたいながら、一方の手で手首のへんをとんとんとたたく。すると手のひらの雌しべは、ひょっこり起きあがってくるものが出る。「二つ起きたぞ」「おらは三つ」「みんな寝たままだ」。子どもたちはこのようにして楽しんでいた。

以前の子どもたちの世界では、自然の中にいろいろな遊びを見つけ、こうして愉快に遊んでいた。花粉を遊び道具として、楽しく遊ぶとは、何とすばらしいことか。

同じ種類の歌は昭和六十三年（一九八八）年にも、飯石郡飯南町志津見で山毛ツヤ子さん（大正五年生）から、次のように聞いている。

じいとばあは　寝とれ
嫁は起きて　火を焚け
婿は起きて　里へ行け

ところで、この堀江さんの歌では、なぜか最後がまったく違っていた。「婿は起きて　カンナ行け」なのである。

たたら製鉄のとても盛んだった奥出雲地方では、以前はカンナ流しが盛んに行われていた。これは山肌に強く水を吹きかけて土砂を流し、砂鉄を採るのであるが、子どもたちはちゃんとそれを眺めて知っていた。それであるので同じような子どもの遊び歌にもそのような労働の存在が投影されたのであろう。ここでもその地域の特色が出ているのである。そしてどうやらこの種類の歌は、まだ鳥取県では見つかっておらず、島根県下でも出雲地方の山間部に限って伝承されているようだ。けれども驚いたことには、はるか離れた九州に仲間が存在していた。長崎県南高来郡口之津町の次の歌である。

じいとばあは寝とれ
嫁ごは起きて
茶わかせ

これは柳原書店発行の福岡博・黒島宏泰著『佐賀長崎のわらべ歌』（日本わらべ歌全集・第二十四巻）に出ており、以下の説明が添っていた。「にしきぎ料の常緑潅木、柾（まさき）（じとばの木）の赤い実を三つとって、手の中で振る時にうたう。二個が一緒になり、一個が別になった時、二個が爺と婆で一個が嫁で、早く起きてお茶をわかしているという。三個一緒の場合は、まだ寝てるとして、もう一度うたう。」はるか離れた意外なところではあるが、こうして親族関係の歌は伝えられているのであった。

ええこと聞いた

ええこと聞いた

【からかい歌・松江市西川津町】

ええこと聞いた　疾う聞いた

洞光寺山へ聞っこえて　松が三本転んで

洞光寺でらの小僧が　なんぼ出てすけかぁても　かぁても　転んだ

〔伝承者　松江市西川津町　佐々木 綱さん・明治二十九年（一八九六）生〕

昭和三十六年（一九六一）一月六日、松江市の島根大学前にお住まいだった佐々木綱さん（当時六十六歳）からうかがった歌である。

友だちの秘密を知った仲間が、その子をひやかしてうたっていたという。

各地方には、類似の歌があるが、この松江市の歌はかなり豊かな内容になっている点に特徴がある。そしてこの中には、庶民の素朴で古い民間信仰が隠されていることにも気をつけていただきたい。以下、それについて順に眺めてみよう。

まず、言霊（ことだま）信仰である。ことばには神が潜んでおられるから、良いことばを使えば良い結果が現れるが、良くないことばは、逆に悪い結果をもたらす。これが言霊信仰の基本である。「ええこと」は決して良いことではない。当人にとっては人に知られたくない秘密で、それを知られたことは悪い言霊を発したことになる。

次に山の信仰である。山は平地とは違い、神聖なところで、神様がお住まいになる場所だというのである。洞光寺山なるそこへ「ええこと」なるものの内容が聞こえた結果、その言霊の影響が出てくる。それは「松が三本倒れ」ることにつながる。これには宿り木信仰と聖数信仰が背景にある。

松は神の宿る神聖な木とする信仰である。昔の人たちは、多くの樹木が枯れる冬にあっても、青々と葉をつけている松に神秘を感じた。つまりこれには神様が宿っておられるから葉が落ちないと考えた。正月に門松として家の前に松の飾られる理由がここにある。また「三」も神聖な数である。神にお供えするものを乗せる三宝といったり、人が社会人として認められるための儀式「七五三」なる帯直しの行事が、この地方では三歳に基本をおいて行われているが、そのようなところにも三の数の神聖さは証明される。そうして考えると「松が三本倒れた」の意味の重大さが理解されるのではなかろうか。

まとめてみると、本人にとって秘密にしておきたい良くないことが、神聖な山に聞こえ、次々と悪い結果をもたらす。宿り木の松が、尊い数の三本も倒れ、小僧さんが直そうとしてもできなかった……というのであるから、本人の面目は丸つぶれということになる。

子どもの歌に秘められたこの奥の深さは、なかなかすごいものがある。この歌は当然のことながら、このような信仰が常識だった時代に生まれたと思われるから、古い時代に作られたということが推定される。

佐々木さんは、いたって明るくこの歌をうたってくださったが、私は歌の意味を考えて、古い信仰が隠され伝承を続けていることに、人の世の不思議さを覚えたものであった。

ねんねん猫の
けつに

ねんねん猫のけつに

【子守歌・出雲市大社町永徳寺坂】

ねんねん猫のけつに　カニがはい込んで
うんとこどっこい　引っ張り出いたが　またはい込んだ
ねんねん寝た子に　アンモついて
べーべの子に負わせて　ねんねんねんねんねん　ねんねんや

（伝承者　出雲市大社町永徳寺坂　手銭歳子さん・大正七年（一九一八）生）

解説

ちょっと風変わりな子守歌である。むずがる赤ん坊をあやすのに、奇想天外な詞章を用いているが、まるでメロディーを持った民話のような内容である。猫とカニとの間に展開された物語の後は、オーソドックスな子守歌の詞章に落ち着く。このような子守歌であるが、以前、どこかでも聞いたことがあると思いながら、柳原書店の『日本わらべ歌全集』を調べてみると、七つの都県に同類の収録されていたことが分かった。比較的近い山口市のものは、

ねんねん猫のけつに　がにが舞いこんだ
いたかろ　かいかろ　のけてろや
やっとこさと　ひっぱり出したら　また舞いこんだ

「がに」というのはカニの方言であり、島根県下でもこのように言うところは多い。この山口市の歌では、大社町のように、後半のオーソドックスな感じの詞章は、ついていない。他の地方のものも同様に、それだけで独立している。次に関東地方、茨城県古河市のものを見てみる。

ねんねんねこのけつに　かにがはいこんっだ
やっとこすっとこ　引きずり出したら　またはいこんだ

一匹だと思ったら　二匹はいこんだ
二匹だと思ったら　三匹はいこんだ
三匹だと思ったら　四匹はいこんだ（以下続ける）

この場合は、後半部で次々と数字を重ねて行けばいくらでも続けられる点に特徴がある。はるか離れた東北地方、岩手県一関市では、

ねんねんねこのけっつさ　豆が舞い込んだ
おがさん取ってけろ飛んでしまった
ねんねんねこのけっつ　かにはさまれた
かあちゃん取ってけろ　逃げてしまった

前の歌に比べると、侵入した異物は、自分から去ってゆくという展開をしているところに特色がある。これ以外の地方の歌は、紹介しきれないので省略する。ただ、侵入者について述べれば、東京都八王子市や山梨県鰍沢（かじかざわ）町ではカニ、東京都千代田区や埼玉県浦和市ではアリとなっており、多少の違いを見せているのである。

ねんねんよ
ころりんよ

ねんねんよ　ころりんよ

【子守歌・鹿足郡吉賀町柿木】

ねんねんよ　ころりんよ
ねんねがお守りは　どこ行た（え）　野越え　山越え　里行た（え）
里のみやげに　なにもろた　でんでん太鼓に笙（しょう）の笛
でんでん太鼓をたたいたら　どんなに泣く子もみなだまる
笙（しょう）の笛をば吹いたなら　どんなに泣く子も　みなだまる
ねんねんよ　ころりんよ
おとどのお山のお兎は　なしてお耳がお長いの
おかかのおなかにいたときに　椎（しい）の実　榧（かや）の実　食べたさに
それでお耳がお長いぞ
ねんねんよ　ころりんよ

〔伝承者　鹿足郡吉賀町柿木　小田サメさん・明治三十一年（一八九八）生＝昭和三十七年七月収録〕

とてものどかな節回しである。そしてその歌い出しは「ねんねんころりよ、おころりよ」でよく知られ、日本古謡としての子守歌の骨格が前半部に見られるが、後半部の「おとのお山のお兎は」からは、実はまた別な童話風物語が付属したスタイルになっている。

伝承わらべ歌の特徴として、詞章の離合集散はよく見られる現象である。ある地方で二つ以上になる歌が、ほかのところでは一つに統合されている例はいくらでもある。この歌がまさにそれであった。

たとえば明治二十年代、小泉八雲（ラフカディオ・ハーン）が隠岐島へ旅行したおり、現在の隠岐郡海士町菱浦で「隠岐の母親たちが、赤ん坊を寝かしつけながら、この世でいちばん古い子もり歌をうたっている声を聞くことができた。」と次のように紹介している。

ねんねこ　お山の
うさぎの子
なぜまた　お耳が長いやら
おっかさんのおなかに　おるときに
びわの葉　ささの葉　たべたそな
それで　お耳が　長いそな

（「伯耆から隠岐へ」平井呈一訳『全訳小泉八雲全集』・第6巻・恒文社）

一方、鳥取県でも知られていた模様で、米子地方のものとして、松本穰葉子著『ふるさとの民謡』（昭和四十三年・鳥取郷土文化研究会）に、以下の歌が出ている。

ねんねこやまの
兎の耳はなぜ長い
わしの　おかさんが
つわりの時に
びわの葉なんぞを
食べたので長い

幼子を相手に大人たちは、兎の耳の長い理由を童話風なわらべ歌の詞章に託して、うたっていたのであった。現在の母親たちには、もうこのような子守歌は伝えられてはいないのではなかろうか。

おはぎがお嫁に行くときは

おはぎがお嫁に行くときは

【手まり歌・益田市匹見町道川】

おはぎがお嫁に行くときは
黄粉(きなこ)とアンコでお化粧して
のどの関所をつまずいて
あすはお発ちか下関

〔伝承者　益田市匹見町道川　秀浦小枝子さん・昭和二十六年（一九五一）生〕

解説

以前はけっこう流行った愉快な内容の手まり歌で、高齢の方々は、子ども時代に一度はきっと口ずさまれていたと思われる。そしてこのメロディーは「権兵衛さんの赤ちゃんが風邪ひいた」の節と同じである。つまり一種の替え歌なのである。

これは同じ石見地方の桜江町でも多少違った詞章でうたわれていた。

おはぎがお嫁に行くときは
あんこに黄粉にお化粧して
きれいなお皿につめられて
あすは東京へ行くんだよ〈伝承者　原田千江子さん・昭和二十七年（一九五二）生〉

鳥取県での収録は、まだあまりなさそうだが、私は、以前、東伯郡琴浦町高岡でこの歌を「ゴム跳び歌」としてうかがったことがある。

おはぎがお嫁に行くときは
団子に黄粉にお化粧して
丸いお盆に乗せられて

あすはいよいよ下関〈高力順子さん・昭和二十四年（一九四九）生〉

ここらで詞章の音節を探ってみよう。一応、冒頭の匹見町の歌で示すことにする。

おはぎがお嫁に……八
行くときは…………五
黄粉とアンコで……八
お化粧して…………五
のどの関所を………七
つまずいて…………五
あすはお発ちか……七
下関…………………五

「お化粧して」であるが、「しょ」の拗音（よう）は、それだけで一音節と数えるので、忠実に読めば「おけしょうして」と六音節になるはずだが、うたわれる場合は「おけしょして」となるから、これは五音節と数えるべきである。そうして見れば、八五八五七五七五となる。日本語のまとまりからいえば、韻文（いん）は七音節と五音節が組み合わさった場合が多い。例えば、五七五の俳句や川柳がそれであり、短歌も五七五七七である。明治に生まれた新体詩も七五調とか五七調が主流であるし、また民謡「安来節」などは七七七五となっている。そのような観点で考えていくと、八音節は、いかにもおかしい。ここは本来七音節であるべきところ、たまたま字余りになったと解釈できないだろうか。

もともと自然発生的に出来上がったわらべ歌であるだけに、このような音韻の法則は、自然の理にかなって作られることが多いはずであろう。

私は、このようなことを、ふと考えたりすることがある。

いずも民話の会の「子どもの語り」

令和三年（二〇二一）三月七日、出雲市大社町の荒木コミュニティセンターで、いずも民話の会主催の「とんとむかしのお話会・子どもの部」が開かれた。出演児童は荒木小学校二名と大社小学校四名の合計六名だった。学校が違ってもここでは仲間であり、お互い仲が良くなっている。一人一話ずつ語り、最後に全員で群読「神話・国ゆずり」を披露し、盛会だった。児童諸君もはりきって実にみごとな語りで成功したと思った。

その中で六年生の平井月里加さんが「おじいさんと榊」を披露したが、彼女はこれまでに「北島さんの夏祭り」でも語っている十八番の語りである。出雲大社のある現地での最適の話も、原話は鹿足郡吉賀町椛谷の大田節蔵さん（明治二十七年生）なのである。

神の宿り木として使われる榊だから、石見地方の中国山地奥部の昔話が、出雲大社の膝元の出雲地方で活かされることを、収録した私としては、不思議な感動をもちながら聴いた。この話をうかがったのは昭和三十年代の後半だったと記憶している。毎週のように大田さん宅を訪問して教えていただいていた話の一つであった。半世紀以上も前になってしまったが、大きく地域を越えて語り継がれている現代を、節蔵さんはどんな気持ちで天国からご覧になっているのだろうか。私にとって感慨深いことなのである。

向こうの山で鹿が鳴く

向こうの山で鹿が鳴く

【子守歌・浜田市三隅町古市場】

向こうの山で鹿が鳴く
鹿どん　鹿どん　なぜ鳴きゃる
何にも悲しゅはないけれど
六十ばかりのご隠居が
肩には鉄砲　手に火縄
むく毛の犬めを先につれ
虎毛の犬めを後につれ
むく行け　虎行け　けしかける
それがあんまり怖ろしゅて
助けてやんさい　山の神
助けてもろうた御礼に
岩山崩して谷を埋め
一間四面の宮を建て
金の灯籠を千とぼす

〈伝承者　浜田市三隅町古市場　新田幸一さん・明治二十五年（一八九二）生〉

解説

この歌を教えていただいたのは昭和三十五年（一九六〇）のこと。もう六十年も前になってしまった。ゆったりとした口調で新田さんはうたってくださった。物語の内容から、私は子守歌の中の間接寝させ歌か遊ばせ歌に分類したらよいと思うが、当時は単にわらべ歌という注文でうたっていただき、それがどの分野に属しているか知らなかったのである。

先年、三隅中学校長だった神本晃氏から便りをいただいた。表紙に「明治四十年四月改之」と記された岡崎伊勢次氏による『地方之俗謡』なる文書を持っているが、中にわらべ歌がいくつか入っている、とのことだった。それには「手まり歌」として次の歌があった。

向こうの山で鹿が鳴く
鹿さん鹿さん　なして鳴く
六尺五寸の男めが
肩には鉄砲　手に火縄
後には虎毛の犬をつれ
先にはむく毛の犬をつれ
虎行けむく行け追っかける
それがあんまり怖ろしうて

助けてやんなれ山の神
助けてもろうた御礼には　一間四方の宮を建て
　金の灯籠を千とぼす

ここから分かるように、明治のころ、この歌は当地で盛んにうたわれていたのである。同じ島根県でも隠岐島では、わらべ歌というのではなく、大人の世界の祝い歌に属する「相撲取り節」として存在していた。

ハアーここのまた奥山の　そのまた奥山にヨー
ハアー鹿が三世鳴きなんす
かんじが強うて鳴くかいな
腹がひもじゅて鳴くかいな
親に恋しゅうて鳴くかいな
かんじが強うて鳴くじゃない
親に恋しゅうて鳴くじゃない
腹がひもじゅうて鳴くじゃない
ここの奥の　その奥に
六十余りの老人が

肩には鉄砲ふりにない
腰には弾筒一升ずつ
これがおぞうて鳴くわいな
助けてくだされ　山の神
助けてくれれば礼をする
岩鼻を崩いて宮建てて
宮の回りにごまいて
十二の燈籠とばします
またえどころがしおらしや
助けてくだされ　ノウ　ホホー　山の神ヨーヨイコラ　ヨイコラ

〈西ノ島町赤之江　小桜シゲさん・明治四十二年（一九〇九）生〉

さらにつけ加えれば、同類ははるか東北の民謡「津軽小原節」や「秋田小原節」の詞章として現在でも広く歌われているのである。

新聞連載の思い出
―『朝日新聞』―

私が新聞連載を始めたのは『朝日新聞』島根版（石見版も）が最初だった。「石見のわらべうた」である。昭和三十五年（一九六〇）九月六日を第一回として毎週二回、翌年の六月四日まで合計五十三回連載した。私が浜田市の三隅中学校に勤務した二十五歳のときだったので、比較的若い時代である。楽譜は同僚の田中幸雄教諭にお願いした。

この連載は携帯型のテープレコーダーが発売され始めた頃に相当する。また新聞連載を続けていると、読者からの反応がいろいろと出てくるから不思議だ。読者の便りに誘われ、列車で江津駅まで出かけ、そこからバスで波積まで乗り、浄妙寺の嘉戸幸子さんを訪ねた。そこで待っていた児童たちから歌を録音させていただき、それらを連載の中に混ぜるとか、東京の『音楽の友』なる雑誌関係者が訪ねて見えたり、少しずつ私の研究の輪も広がっていった。学会に入ってそこで発表をしたり、雑誌に書いたり、研究というものは、このようにごく自然に広まり、深まっていくことを体感した。そして今日まで口承文芸研究者として、歩みを続けている私なのである。

『朝日新聞』には後年、「山陰のわらべ歌」（一五〇回）「島根の民謡」（七〇回）も連載した。この因縁を感謝している私である。

あの山で光るものは

あの山で光るものは

【手まり歌・隠岐郡隠岐の島町犬来】

あの山で光るものは　月か　星か　蛍か
月ならば　拝みましょうか　蛍ならば　手に取る　手に取る
まずまず一貫　貸しました

〈伝承者　隠岐郡隠岐の島町犬来　中沼アサノさん・明治三十九年（一九〇六）生＝昭和五十六年六月収録〉

解説

これは手まり歌である。どこか品のあるメロディーを持つこの歌が、どうして離島に残されていたのかと、私は不思議に思いながら聞いていた。けれども、今日ではもう隠岐島でも聞くことはできないようであるし、山陰両県でも聞いたことはなかった。

けれども、私はどこかに同類がないかと柳原書店『日本のわらべ歌全集』を見ると、東は群馬、東京、埼玉に仲間があり、西では福岡、熊本に類歌のあることが出ていた。

この中で福岡県柳川市のものだけは、子守歌の「寝させ歌」とある点が変わっていた。他はいずれも島根県と同じ手まり歌である。福岡県柳川市の詞章は次のようであった。

あの山に光るは
月か星か蛍か
蛍ならお手にとろ
お月様なら拝みあぎゅう
おろろん　おろろんばい
おろろん　おろろんばい（『福岡のわらべ歌』）

九州方言でうたわれているが、なるほど、「おろろん、おろろんばい」の後半部分を見れば、確かにこれは子守歌である。そして前半の詞章も、後半部との連携を踏まえて考察すれば、子守歌に適していることも理解できる。もっと多くの地方で子守歌としていてもよいように考えられるのではあるが、実際はなぜか手まり歌がほとんどなのである。

念のために東の代表として埼玉県東松山市のものを紹介してみる。

あの山で　光るものは
月か星かほたるか
月ならば　拝みましょうか
ほたるならば　お手にとる　お手に取る（『埼玉　神奈川のわらべ歌』）

この埼玉県の解説を担当した小野寺節子氏は、同書に次のように書いておられる。

──夏の夜、その闇の中で美しく輝くものへの感嘆をうたっている。その不思議な美しさは、信仰心にまで浄化され、旋律とともに他の手まり歌にはない味わいがある。──

私も小野寺氏のご意見に全く同感である。

ふとしたことから教えてもらった隠岐の手まり歌が、あまり聞くことのできない貴重な歌であることを知って、私は伝承の糸の謎をいよいよ痛感したのである。

なお、伝承者の中沼さんは、島根県の幼稚園教諭の草分けとして、松江市の雑賀幼稚園などを舞台として、長い間、活躍された方である。

こっから上の
川上の

こっから上の川上の

【手まり歌・隠岐郡海士町保々見】

こっから上の川上の谷長者の乙姫が
一つで　乳を飲みそめて　二つで　箸ごを持ちそめて　三つや四つを　遊ばせて
五つになるから　管をかく　六つで　木綿ひきそめて　七つで　長だい織っそめて
八つで　約束しておいて　九つ　こなたにもらわれて　十で　殿ごの持ちはじめ
十一なるとき　そのときに　帷子(かたびら)織れとの仰せあり　うんでつむいで枠(わく)にかけ
枠にかけたはよけれども　あでの返しはまだ知らの　お姑(しゅうとめ)さんにと手をついて
教えてください　お姑さん　産んだ親さえ教えのに　私が何しに教ょうかい
小姑さんにと手をついて　教えてください小姑さん　姑さんさえ教えのに
私が何しに教ょうかい　殿ごさんにと手をついて　教えてください殿ごさん
算盤さんなら教えるに　あでの返しはわしゃ知らの　人の嫁こになるものが
あでの返しを知らのとは　あで竹へ竹でどやされて　そこで姉さんわんと泣き
奥の一間へ駆け込んで　こじゃんと結(い)ったる島田髷(まげ)根からさっぱり切り払い
殿ごの膝にと投げつけて　後は乱れて妻がない　私ゃ去ぬれば花が咲く
サア　花が咲く

〔伝承者　隠岐郡海士町保々見　井上ヨシさん・明治三十五年（一九〇二）生〕

解説

この手まり歌の内容のなんと厳しいことよ。嫁と姑関係は、古くて新しい問題で現在でも、まだこういった傾向の残されている所もなくはないようである。

私はこの歌を昭和四十八年（一九七三）に、海士中学校へ赴任してから聞いた。離島などでは、中央では消えてしまった古い無形文化財がまだ残されていることがある。井上さんはそのような伝承をよく知っておられたお一人だった。

ところで、昭和九年（一九三四）年に東明堂から刊行された『日本民謡の流れ』で藤沢衛彦は、類歌を引用されながら、これらの歌が江戸時代にうたわれていたと述べておられる。古めかしい内容から見て、私もまた氏の考えに同感なのである。

ところで、手まり歌ではないが、鳥取県八頭郡智頭町波多では、次のような子守歌が見つかった。

ねんねんころりや　さんころり　よい子じゃ　よい子じゃ　よい子じゃな
ねんねんころりや　さんころり　酒屋のいとさん乳飲ましょ　お乳がいやなら嫁行かしょ
お嫁の道具は何道具　たんすに長持はさみ箱　これほど手つけてやるものに
されとてもどるなこりゃ娘　されとてもどろた思わねど
千石積んだる船でさよ　風の吹きよで舞い戻る

行ってみりゃ　殿御の気を知らず　行ってみりゃ　舅の気を知らず
ねんねんころりや　さんころり

〔大原寿美子さん・明治四十年（一九〇七）生〕

やはり嫁と姑の機微をうたっている。同類は各地でよく聞いたものである。

ここのかかさん

ここのかかさん

【手まり歌・隠岐郡隠岐の島町油井】

ここのかかさん　いつ来てみても
紺の前掛け茜（あかね）のタスキ　掛けて港へ塩汲み下（さ）がる
沖の船頭さん　こらこら招く
招く船頭さんに　木綿一反もろて
何に染めかと　紺屋に問えば
一に橘　二にカキツバタ　三に下がり藤　四に獅子牡丹
五つ井山の千本桜
六つ紫いろいろ染めて　七つ南天　八つ山桜
九つ小梅をいろいろ染めて
十で殿ごさんの　好いたように染めた

〈伝承者　隠岐郡隠岐の島町油井　藤野コヨさん・明治三十八年（一九〇五）生〉

解説

隠岐の女性は実によく働く。それを反映しているのか、ここの手まり歌には、このように「このかかさんいつ来てみても……」で始まるものが、あちこちで聞かれる。しかし、不思議と本土になると、「一で橘」以下の後半部だけの歌ならともかく、前半部を持ったこの類の歌に出会うことはない。

さて、ここでは手まり歌としてうかがった。同様に西ノ島町でもそのように聞いたが、実は盆踊りの口説き（くどき）としても、この歌はうたわれていた。それは隠岐の島町西郷と同五箇や同布施で聞かされているが、具体例として隠岐の島町布施の口説きを紹介する。ただ、途中、囃子言葉として「ア、ドッコイショ」とか「ハー、ヨートシェ」が入るが、それは省略して記しておく。

ここのかかさま　いつ来てみても
朝は早起き　朝髪上げて　紺の前掛け茜（あかね）のタスキ
掛けて浜へと　塩汲み行きゃる
沖の船頭さんが　はらこら招く
招く船頭さんに　さらし三尺もろた
帯に短し　タスキにゃ長し
何にしょうかと　紺屋に問えば

そこで紺屋の　申するのには
一に橘　二にカキツバタ　三で下がり藤　四で獅子牡丹　五つ井山の千本桜
六つ紫いろよに染めて　七つ南天　八つ山桜　九つ小梅（こんめ）を　ちらりと染めて
十で殿ごさんの　好いたように染める〔灘部修作さん・昭和二十三年（一九四八）生〕

こうして眺めれば、大人の民謡である「盆踊り口説き」と子どものわらべ歌である「手まり歌」が、互いに交錯していることが分かる。紙面の都合で他の例は省略するが、このような例はまだまだ存在しているのである。

次郎や太郎や

次郎や太郎や

【子守歌・鳥取市福部町湯山】

次郎や　太郎や　どこへ馬つないだ
南蛮(ばんばん)畑の梨の木につないだ　何食わしてつないだ
藁(わら)食わしてつないだ
藁の中見れば　小さい小袖が三つ三つ
三つになる小僧が　お寺から下りてきて
何着ゅうとおっしゃぁる　袴(はかま)着ゅうとおっしゃぁる
袴の裾(すそ)に何型つきょうやら　ずくしまぶれ里柿
ハンナの枝に雀(すずめ)が一羽　鴉(からす)が一羽　鳶(とび)が一羽
雀はチュンチュン　チュンチュンのもの　鴉はカアカア　カンのもの
鳶は熊野の　鉦(かね)たたき　鉦たたき

〈伝承者　岩美郡岩美町浦富　浜戸こよさん・明治三十九年（一九〇六）生〉

解説

この歌を鳥取市福部町湯山のものとし、うたわれた浜戸さんを岩美町浦富としたのは、浜戸さんがご出身の福部町でこの歌を覚えられ、結婚なさって岩美町にお住まいだったからである。

それにしてもじつにのどかで郷愁を誘う詞章であることか。祖母や母親から、こんな歌を聞かされて育てられた子どもは、幸せである。幼い頭でいろいろとこの歌に思いを巡らしたりしていると、温かく情操豊かな子どもに育つのは間違いない。

ところで、類歌は江戸時代前半の元禄文化盛んなころに収録されている。それは鳥取藩士の野間義学（野間宗蔵とも。一六九二?〜一七三二）によって採録され、『古今童謡』（『筆のかす』の写本ともされる）なる冊子になっているが、手書きのまま冊子にされていた。先年、京都の古本屋で尾原昭夫氏（田村虎蔵賞受賞者・著名なわらべ歌研究者）によって見つけられ、鳥取県立博物館に通報された。同館では早速それを購入。学芸員の大嶋陽一氏によって翻字化されている〔大嶋陽一「野間義学（宗蔵）著『古今童謡』について」（『鳥取県立博物館研究報告』二〇〇七）〕。そこには約五〇曲のわらべ歌が収められていた。

義学の生きた時代は、徳川綱吉を中心にその前後を含む時期で、いわゆる元禄文化といわれている。それは京都・大坂などの上方を中心に発展した文化であり、庶民的な面が濃く現れているが、文化を支えたのは、必ずしも町人ばかりでなく、武士階級出身の者も多かった。鳥取藩における野間義学の活動も、あるいはこの流れに属するものともいえそうである。

少し、元禄文化の特色を眺めておく。今日の東京大学の前身、湯島聖堂の建設。また「好色一代男」「武家義理物語」「日本永代蔵」「世間胸算用」など浮世草子作家として知られた井原西鶴をはじめ、「曽根崎心中」「心中天網島」の劇作家・近松門左衛門。歌舞伎の坂田藤十郎や市川團十郎。文楽（人形浄瑠璃）の竹本義太夫。「奥の細道」「俳諧七部集」（「猿蓑」ほか）で知られる俳諧の松尾芭蕉。絵画では「紅白梅図屏風」「燕子花図屏風」の尾形光琳。浮世絵の祖「見返り美人図」「歌舞伎図屏風」などの菱川師宣などが活躍した。音楽では生田流箏曲、地歌の野川流が生まれ、また義太夫節や一中節などの新浄瑠璃や長唄が生まれている。朱子学、自然科学、古典研究などの発展もめざましいものがあった。

さて、ここに納められている類歌は、以下のようである。原本の旧仮名遣いや漢字を現代仮名遣いにし、平素使う漢字に改め読者に分かりやすい姿に変えて記述すると次のようになる。

二郎よ太郎よ　馬どこにつないだ　ばんばん畑に　しころことつないだ
何食わせてつないだ　藁食わせてつないだ　藁食わせてつないだ
藁の中を見たれば、白い小袖が三つ三つ　赤い小袖が三つ三つ
三つになる若子が　寺から降りて　袴着よと仰る
袴の腰に何型つきょうよ　むめろかまろづくし　まふり砂糖柿の花
花の上に鳶がとまる　鴉がとまる　鴉の頸をひんねじねじて　長老に見すれば
長老は徒歩（かち）て　殿様御馬　鋏箱はごとごと

いちがととは槍持ち　槍の先を蜂が刺いて　すぼらぼんのぼん

こうして眺めてみるとわらべ歌の生命はなかなか長いものである。私は十三種類ほど、『古今童謡』の系統を引くわらべ歌を、鳥取県下で収録しているが、ここではそれを詳しく述べる紙数はないので、指摘するだけにとどめておく。

口承文芸を研究して思うこと

主に山陰両県の村里の古老を訪ねて、民話、わらべ歌、民謡（労作歌・盆踊り歌・座敷歌など）を収録し始めたのは、私が二十四歳のときであった。初任校の三隅中学校（浜田市）に勤めていたが、国語と社会科の教師であったので、地元教材を活用した授業を展開すれば生徒も興味を持ってくれるだろうと考え、ちょうど携帯用のテープレコーダーが出始めたころでもあったから、それを購入し、自転車の後ろに座布団を敷いた篭を置き、そこへテープレコーダーを入れて校区内を走り回ったものである。篭は落とさないように、鞄のように紐をつけて肩にかけたものものしい出で立ちだった。やがて乗り物はバイクに変わり、昭和三十七年（一九六二）からは軽自動車（マツダのクーペ）になったが、そのころマイカーを持った教員はいなかったので、案外、島根県内の教員でマイカー所有者第一号だったのは私かも知れないと今でも思っている。

ところで、口承文芸は形はなく音声だけではあるが、先祖からの思想や習俗が凝縮されているので、私は日本の文化の基礎を作った民俗無形文化財であると考えている。しかしながら、これについての行政官庁の認識は今ひとつ低いので、なんとかしなければならないと考えるのであるが、いかがなものであろうか。

下手の子ども衆

下手の子ども衆

【手まり歌・鳥取市佐治町尾際】

下手（しもで）の子ども衆　上手（かみで）の子ども衆
花折りにいかいな　何花折りに　庚申花折りに
一本折っちゃぺーんとし　二本折っちゃぺーんとし
三本目に日が暮れて
東を見ても灯が見えず　西を見ても灯が見えず
向こうの小屋に灯が見えて
上（かみ）の小屋に泊まろうか　下（しも）の小屋に泊まろうか
中の小屋に泊まって　朝起きて見たら
猿が三匹跳びおって　先の猿は物知らず
後の猿も物知らず　中の猿が物知って
ナマズ川に飛び込んで　ナマズ一匹へーさえて
堂の隅（すま）に持ってって　きーちゃきちゃと刻んで
あなたに一切れ　こなたに一切れ
お万がたらん　お万はどうした　油屋に行きて
油一升買うて　油壷落として
犬が食ってしもうた　その犬どうした　ぶち殺いてしもうた
その皮どうした　どうに張ってしもうた
あっちをたたけば　ドンドンドン
こっちをたたけば　ドンドンドン　ぶち破ってしもうた

〔伝承者　鳥取市佐治町尾際　福安初子さん・大正四年（一九一五）生〕

解説

手まり歌の中でも豊かな想像力を駆使して作り上げられた代表的なものである。子どもたちはいつしか歌の中の主人公に、自分を置きかえて楽しんでいたのだろう。

さて、「向こうの山を猿が三匹跳びよって……」で始まる歌なら、他の地方でもよく聞くが、「下手の子どもさん……」の出だしを持つのは、鳥取県東部地方だけに集中している。

それはそれとして、この歌の構成を眺めると、主人公は次のように変化している。すなわち、子ども→猿→お万→犬という具合である。

一種の連鎖反応的な変化とでもいえる、この主人公の交代こそ、わらべ歌の特色の一つであろう。子どもたちの想像力は、次々と飛躍して一か所に留まるのをこころよしとはしない。

類歌を見ると、鳥取市赤子田町や八頭郡智頭町波多でも「下手の子ども衆、上手の子ども衆」で始まり、ほぼ同様の詞章である。また福部町左近では「上(かみ)どいの子ども衆、下(しも)どいの子ども衆」。岩美郡岩美町田後では「下(しも)じゅうの子ども衆、上(かみ)じゅうの子ども衆」となっている。そして後半部分は「裏の山から（向こうの山から）猿が三匹出た出た」などと変化してしまうという筋書きになる。

さらに鳥取市赤子田町では、犬の皮を破った後、

その破れどうした　雪駄にはってしまった

その雪駄どうした　あっちにチャラチャラ　こっちにチャラチャラ
履き破ってしまった　その破れどうした
あっちにゴロゴロ　こっちにゴロゴロ　川に流してしまった

となっている。かつての子どもたちの想像力のすばらしさをこれらは示しているのではなかろうか。

向こうの向こうのススキ原

向こうの向こうのススキ原

【手まり歌・鳥取市福部町左近】

向こうの向こうのススキ原
親がないかや　子がないか
親もござるに　子もござる
その子に離れて　十五日　十五日参りをしょと思って
姉(あね)さん父(とと)さん　ちょっと寄って
姉さん姉さん　かたびら一枚　貸してえな
あるのにないとて　貸せなんだ
大腹だちや　大腹だちや
西の紺屋に一反と　東の紺屋へ一反と
染めてくだされ　紺屋さん
染めてあげます　何色で
紺と石蝋(せきろ)に　染め分けに　染め分けに
ちょいと百ついた

（伝承者　鳥取県福部町左近　森尾ソヨさん・明治十二年（一八七九）生）

解説

手まり歌の中には、どこかわびしい内容のものがときおりある。この歌もそのような一つであろう。ただ、内容は子どもの歌特有の連鎖反応的なつながりで、次々と話題が転換してゆくので、最後のところでは、特にわびしさの伝わってこないのがおもしろい。

ところで、伝承者の森尾さんは、結婚で福部町左近にお住まいだったが、ご出身は近くの兵庫県美方郡浜坂町である。したがって、あるいは鳥取県東部として紹介したこの歌は、兵庫県のものとした方が適当かも知れない。ただ、鳥取県内でもよく似た歌があるので、あえて福部町の歌として紹介した。

そのような類歌は、中部の倉吉市に次のように存在している。

向こうお山の白ツツジ
親がないかや　子がないか
親もござんす　子もござる
殿御に離れて今日七日　七日と思えば十五日
十五日参り（じゅうごんち）をしょと思（おも）て
おばのところに　かたびら一枚　借りにったら
あるのにないとて　貸さなんだ

やれやれ腹たつ　腹がたつ
西の紺屋に一反と　東の紺屋に一反と
染めてください　紺屋さん
染めてあげます　何色に
ウコンに紫　浅黄色　浅黄色

両者を比べて見ると、確かによく似ている。距離が離れていながら、どのような経過でこれらの歌は伝承されるのか、いつの間にかちゃんと伝えられ、その土地に根を下ろしてしまうのである。その不思議さを考えるにつけても、このような伝承わらべ歌の世界から、なかなか抜け出せない私なのである。

亥の子さんの夜さ

亥の子さんの夜さ

【歳事歌・東伯郡三朝町曹源寺】

亥(い)の子さんの夜さ　祝わぬ者は
鬼を産め　蛇(じゃ)産め　角(つの)の生えた子産め
あー　餅ごししゃれ　餅ごしゃれ

〈伝承者　東伯郡三朝町曹源寺　川北するゑさん・明治三十五年（一九〇二）生〉

解説

旧暦十月の亥の日は、多くのところで炬燵を出す日といわれている。また亥の子の神は農神とされ、この日大根畑へ入ってはならない。大根がはしれる音を聞いたら悪いからという伝えも多い。島根県の吉賀町椛谷で聞いたところでは、初亥で神が田から大根畑まで帰られ、中亥で戸口の敷居まで帰られ、三番亥で神棚に上がられ、正月神であるトシトコサマになるとされている。

この日の晩には各地で、子どもたちが歌をうたいながら亥の子搗きをして回り、餅などをもらって歩いたりしていた。

東伯郡三朝町曹源寺、川北貞市さん（明治四十年生）は、この日、子どもたちは藁づとの中芯に茗荷を入れて固くくくり、小学校三、四年生ごろの子ども三、四人ぐらいで家の門をついて回り、餅を二つくらいずつもらって帰ったと話していた。またこの日はオハギを作ってもらって食べたとする大山町樋口の例（吉田しもさん・明治四十一年生）もある。そして米子市尾高出身の桑名中子さん（明治三十三年生）は、この日初めて炬燵を出したが、炬燵に当たりながらこの歌はうたったものだった、と話していた。

この歌の詞章は、各地とも大同小異であるが、島根県では、やや違ったものも存在していた。まず隠岐の島町今津では、

一つ　二つ　三つ
亥の子祝うかの　祝わぬかの

とうたいながら家の門へ行くが、「祝います」と祝ってくれた家では、

亥の子を祝って　よい旦那
ゲン蔵　金蔵　建て並べ　繁盛しょ　繁盛しょ

と、誉め口上を述べるが、祝わない場合には、

この子の旦那は　くそ旦那
亥の子を祝わな　くそ旦那
ジンベ　コンベ　角の生えた子産め

〈以上　佐々木ハルさん・明治三十一年（一八九八）生〉

と悪口を言い走って逃げたものだとのことである。
また、松江市八束町波入で例えば酒屋さんの前では、

ここはどこのかど　酒屋の前だ
酒がツコ（ツッコウ）売れますか
なかなか売れますよ　それは繁昌　繁昌〈門脇ソノさん・明治二十年（一八八七）生〉

こう誉めるものだったとのことである。「ツコ（ツッコウ）」というのは、「少々」という意味という。

亥の子の日に各家を訪れるのは、幸せを授ける神々だったのである。

新聞連載の思い出——『山陰中央新報』

『朝日新聞』の次は、地元日刊紙『島根新聞』である。この新聞は現在は名を改めて『山陰中央新報』と称しており、地方紙の雄として知られている。初めに連載したのは「島根のわらべうた」で昭和四十三年（一九六八）三月一日から毎週一回、翌年六月四日まで五十一回。同四十六年一月十日から十一月十四日まで「島根の昔話」二十五回。

『山陰中央新報』に改題した平成二年（一九九〇）十一月三日からは「ふるさとの民話」で一〇〇回。白石昭臣氏と交代で同六年一月から「ふるさとの冠婚葬祭」をそれぞれ二十六回ずつ執筆した。

特筆すべきなのは、平成十七年（二〇〇五）十一月一日から「音読ふるさとの民話」を毎日連載したことである。最終回は同二十二年（二〇一〇）三月三十一日だったが、新年の特別紙面編成の期間を除いて合計一五四四回連載を続けたことになる。読者からも好評だった模様で、私の家まで直接電話をくださった方もあった。担当の岡部康幸氏は毎日のことなので大変ではなかったかと思いつつも、ルビを振るのに不明な場合、その都度電話で確認されつつ作業してくださった。氏には、今でも感謝している。連載終了後、「音読ふるさとの民話シリーズ」として、ハーベスト出版から全十五巻で書籍化されている。

トンビトンビ
羽一本落とせ

トンビトンビ羽一本落とせ

【動物の歌・東伯郡北栄町米里】

トンビ　トンビ　羽一本落とせ
ネズミ捕ってやるぞ

〈伝承者　東伯郡北栄町米里　山本鶴子さん・明治二十八年（一八九五）生〉

解説

大空高くまるで舞でも舞うように実にゆったりと輪を描いて飛んでいるトビに向かって、子どもたちはこう呼びかける。よほどトビの飛び方が気に入っているのか、似たような詞章はあちこちで見られる。例えば八頭郡若桜町でも次のようにうたわれている。

トンビ　トンビ　舞い舞いせ
ネズミ捕って食わせるぞい〈中江りつさん・大正二年(一九一三)生〉

また、西部の伯耆町大原では、次のようにやや変わったものもあった。

トビ　トビ　回れ
問屋のかどで　団子串に挿いて　回れ〈後藤ためよさん・明治二十八年(一八九五)生〉

ゆったり飛ぶことをほめる気持ちは同じであろう。
県境を越えて島根県に舞台を移しても傾向は冒頭あげた歌と同様である。松江市馬潟町の歌をあげておこう。

トンビ　トンビ　舞ってごしぇ
カラスに隠いてネズミやる〔飯塚幸夫さん・大正十三年（一九二四）生〕

同工異曲ではあるが、少し異なったものが奥出雲地方の仁多郡奥出雲町大呂で見つかった。

トビ　トビ　舞うて見しぇ
あさっては　放生会（ほうじょうえ）だ
タイを買って投げちゃる〔村尾政太郎さん・明治四十年（一九〇七）生〕

トビに対して進呈するご馳走が、前者がネズミであり、後者は魚のタイであるという違いはあるが、これらにも歌の背景には、先の歌と同様、悠然と空を飛ぶトビに敬意を表した気持ちがうかがえる。

なお、放生会であるが、これは生き物の供養のため、捕らえられている動物を放してやる儀式をいい、各地の寺社などで夏のころなど行われている。ただ、そうすると、この歌では放生会のため、せっかく殺生をやめて放たれたタイを、トビに食べさせてやろう、ということになり、やや矛盾を感じるのであるが、そこは子どもの無邪気さゆえに、不統一も許されるのであろうか。

詮索はそれまでとして、ここらで文献の方を眺めてみると天保二年（一八三一）の序がある小寺玉晁著『尾張童遊集』にまさに同じ系統を示す次の歌が紹介されている。

とんびとんびかへれ、
鼠とつてほゥりあげよ。

というのである。この歌は江戸時代後期のころに成立しているから、昔の尾張地方、すなわち現在の愛知県西部地方の子どもたちも同様の発想でトビの空を舞う姿のすばらしさを愛でていたのである。

新聞連載の思い出――『日本海新聞』

鳥取市に本社を持つ『日本海新聞』には「鳥取のわらべ歌」と「鳥取の民話」を連載している。両者とも九十回完結である。共に東部、中部、西部それぞれ三十回になる。

前者は平成三十年三月六日から毎週木曜日連載で、令和元年（二〇一九）十一月二十七日に終了した。「鳥取の民話」は令和二年一月二十九日からスタートして、毎週水曜日に連載しているが、これは同三年十月二十日まで続く予定である。イラストは共に福本隆男氏で、味のあるタッチはわらべ歌や民話にマッチしていると好評である。

実はこれらの原話は、全て鳥取県立博物館の「わらべ歌」と「民話」のホームページに登載されているので、読者は新聞であらすじと解説を読み、このホームページを開くことで、語り手や歌い手の収録当時の音声が聴けるという仕組みになっている。つまりこの連載は行政の博物館と民間の新聞社のコラボ企画なのである。

時代の進展により、新聞連載の企画も音声を呼び込む形を担っているのである。

本来ならば二次元バーコード（ＱＲコード）を紙面に印刷さえしておけば、スマホをかざすことで、そのまま伝承者の声が呼び出せるのである。私はそのことを提案したけれど実現には至らなかった。今でもこの点だけは残念に思っている。

大寒　小寒

大寒　小寒

【自然の歌・東伯郡琴浦町箆津】

大寒　小寒　山から坊主が　降りてくる

〔伝承者　東伯郡琴浦町箆津　河本敏蔵さん・明治四十年（一九〇七）生〕

解説

東伯郡琴浦町箟津（のつ）地区でうかがった。この歌について教えてくださった河本さんは、「船上山寺のある船上山に雪が降り出すと、お寺さんは里の方に降りてくるが、それを里の人たちがうたったものであり、これで山陰の冬もいよいよ本格的になってくるのです」と語っておられた。

寒くなってくると、このように「大寒、小寒」で始まる歌を、よく子どもたちはうたっていた。次は同郡三朝町の歌である。

大寒　小寒　小寒に行ったら
芋の煮たのを隠いて　大根の煮たのを食ぁさった

〈松岡富永さん・明治四十年（一九〇七）生〉

寒さを擬人化してこううたっており、類歌は多い。初めに挙げた単純な歌の同類はないかと、眺めてみると島根県大田市で一例だけ収録していた。

大寒　小寒　大寒　小寒
山から小僧が　泣いて来た

何と言って泣いて来た
寒いと言って　泣いて来た
大寒　小寒〔水滝佑子さん・昭和五十四年（一九七九）生　ほか〕

ところで、文献には江戸時代のものに同類が見られる。古いところでは、享和三年（一八〇三）に序のある宗亨著『阿保記録』に次のようになっていた。

大寒小寒、　山カラコゾウガ　ナイテキタ

大田市の歌にそっくりであろう。琴浦町の歌にも関連がありそうである。また、幕末期の江戸のわらべ歌やわらべ言葉を収録したとされる岡本昆石編「あづま流行時代子供うた」は、明治に入って明治二十七年（一八九四）に出された『続日本歌謡集成』に収められているが、

大寒むこさむ、　山から小僧が飛(とん)で来た、
何(な)ンとて飛(とん)できた、　寒いとツて飛(とん)で来た。

このようになっている。さらに天保初年（一八三〇）頃に刊行されたと思われる高橋仙果著『熱田手毬歌』では、

ヲ、さぶこさぶ、山からおやぢが　ないて来た。

となっている。

こうして見れば、昔から子どもたちは、寒さを感じると、平地よりも高地の方がまだ寒さが厳しいという常識を踏まえて、このようにうたっていたのである。

新聞連載の思い出——『島根日日新聞』

島根県下の郷土紙の一つに『島根日日新聞』がある。私は令和二年（二〇二〇）八月十一日から「島根の民話」を火曜日の紙面に連載している。イラストは常にコンビを組んでいる福本隆男氏である。連載は出雲、石見、隠岐の民話を二十回ずつ、合計六十回の予定であるが、それは出雲かんべの里のホームページ「民話の部屋」登載の民話の数を勘案してはじき出した数である。事情が許せば、『日本海新聞』の「鳥取の民話」と同様に、各地区三十話ずつの合計九十話にしたい気持ちがあるが、今のところまだどうなるか分からない。

この連載での最大の特徴は二次元バーコード（QRコード）を毎回つけているので、読者はスマホなどでコードを読み込むことによって、収録時の語り手の声が聴ける点である。

古いところでは明治九年（一八七六）生まれの竹内藤太さんから、昭和三十五年（一九六〇）六月十五日にうかがった「子守唄内通」がある。印字したコードにスマホなどをかざすだけで、その当時の竹内さんのお声が聴けるのである。その点では『島根日日新聞』は最も進んだ形で連載している新聞と言えそうである。

サイの神さん

十五日

サイの神さん十五日

【歳事歌・米子市淀江町佐陀一部】

サイの神さん　十五日
おせらちゃ参ゃぁに　子どもらちゃ参ゃぁらんか
〔伝承者　米子市淀江町佐陀一部　長沢糸枝さん・大正十五年（一九二六）生〕

解説

路傍の神の一つである「サイの神」は道祖神として村峠などの境界に位置し、疫病神や外部の悪霊などの招くべからざる侵入者を防ぎ、そこに住む人々や村を守るために祭られている。

私の調べたところでは西伯郡と日野郡の各地に限って、サイの神参りのおりにうたわれていたわらべ歌が存在していた。案外、その周辺地域にも同類はあるのかも知れないが、これまでの私の調査では、まだ見つかっていない。ただ、日野郡日南町と県境で接している島根県仁多郡横田町竹崎で、一例、以前にそれを知らされたことがあるばかりである。

ところで、おもしろいことに、この神の性格は因幡地方と伯耆地方とではまったく正反対である。すなわち、因幡地方でのこの神は縁切りの神とされ、嫁入り、婿入りの道中はこの神を避けて通る。また、子どもの咳を治す神ともされている。供え物としては、大ワラジとか大ゾウリなどを片方だけつり下げておく。つまり村境の峠や辻に立つ旅の神、道の神ということを示し、「この村にはこれを履くような大男がいるぞ」と思わせて、悪病神の入るのを防ぐ役割を果たさせている。また、足の病気を治してもらう神との意味もあるようだ。

一方、伯耆地方では、縁結びの神と考えられ、十二月十五日の早朝お参りすると、良縁が得られるとされている。供え物としてはワラ馬に団子と炭を負わせたものである。また、椀に穴を開けたものを供えると耳の病が治るとも言われている。

ここに紹介した歌は、おせ、つまり大人たちはサイの神様に早くお参りしているのだから、子どもたちも早くお参りし、良縁を授けてもらいなさい、と朝寝を戒めているのである。

西伯郡南部町福成坂根では、

サイの神さん　十五日(じゅうごんち)
子どもらちゃ参るが　おせらちゃ参らんか〔桑名中子・明治三十三年（一九〇〇）生〕

と、逆に大人たちをせかしている。けれども、日野郡日野町福長井の原では、

サイの神は十五日
おせも子どももみな参れ〔沼田スミ子さん・明治四十五年（一九一二）生〕

これは大人も子どもも、ともにお参りしようと呼びかけた内容になっている。

最初にあげた歌をうたってくださった長沢糸枝さんの話では、この日、藁で馬とツトを作り、藁ツトに団子を入れて馬に背負わせてお参りし、後でその馬を燃やして焼いた団子を食べた。朝早く参ると、サイの神さんは「あれとこれと夫婦」と丁寧に縁を結んでくれるが、遅く参ると「あれ、これ、あれ、これ」と急いでしまわれ、良縁にありつけないといわれているとのことである。

お月さんなんぼ

お月さんなんぼ

【自然の歌・西伯郡大山町国信】

お月さんなんぼ　十三ここのつ
そりゃまんだ若い
若もござらぬ　いにとうござる
いなはる道で　尾のない鳥が
油筒ぞろぞろ飲んで　よい子を生んで
お万に抱かしょか　お千に抱かしょか
お万は油屋の門(かど)で　滑って転んで徳利(とく)投げた

〈伝承者　西伯郡大山町国信　谷尾トミコさん・明治四十四年（一九一一）生〉

解説

仲秋の名月にふさわしい歌である。

澄み渡った秋空のもと、幼子をあやしながら物語風なこんな子守歌をついうたいたくなる。各地に「お月さんなんぼ……」で始まる歌はあるが、鳥取県では因幡地方と伯耆地方では、かなりはっきりした特色を持っている。端的にいえば伯耆地方では「そりゃまんだ若いな」や「尾のない鳥」、「油筒くわえて」がついており、それに対し因幡地方では、「七織り着せまして」の詞章が入っている。実例を眺めよう。鳥取市福部町湯山では、

お月さんなんぼ　十三ななつ
七織り着せまして　京の町に出いたらば
鼻紙落とし　笄(こうがい)落とし
鼻紙　花屋の娘が　ちょいと出て拾って
笄　紺屋の娘が　ちょいと出て拾って
泣いてもくれず　笑ってもくれず
とうとうくれなんだ〔浜戸こよさん・明治三十九年（一九〇六）生〕

実はこの歌は江戸時代の中期に鳥取藩士の野間義学が著した『筆のかす』という鳥取藩のわ

らべ歌を集めた書物に次のように出ている。彼は元禄十五年（一七〇二）に家督を継いでいるので、その当時、すでにこの歌が多くの子どもたちに支持されていたと推定される。

お月さまなんぼ　十三　七つ
な、おり着せて　京の町に出いたれば
笄落とす、はな紙落す
かうがい紺屋が拾ふ　はな紙はな屋が拾ふ、
泣いてもくれず　笑ふてもくれず
何ぼ程な殿じゃ　油壷から　ひき出いたやうな
小男々々

はっきりと「七織り着せて」が入っている。したがって、まさに城下町であった現在の鳥取市でうたわれていたことが分かるのである。このタイプは少なくとも東の京都までたどられる。一方、伯耆地方のものは、西の島根県出雲地方まで続いている。ただ、同じ伯耆地方でも、東伯郡各地の歌だけは、伯耆地方の特色を持ちながら少し違っている。

大門口から

大門口から

【手まり歌・西伯郡日吉津村富吉】

大門口から　揚屋の前まで
三好高さん　みなみなどうじゃ　見事なことよ
行き先々花見が咲いて　豊さん　文さん　涙が島の
高岡しんさん　ふるないそねがわ
錦早織り　たつたの銀しゃ
風車よとおめおめ　さぁさぬっ手の枕で
からたちぬ川　せんせんとんと
やっとんとんなら　ちょと百ついた

〈伝承者　西伯郡日吉津村富吉　大道ふさよさん・明治三十四年（一九〇一）生〉

解説

もともとは江戸時代に各地でうたわれていた古い手まり歌であるが、鳥取県西部地方と島根県出雲地方の古老から、ときおり聞き出すことのできた歌である。
松江市竹矢町では、次のようになっていた。

大まん口から揚屋の前まで
三好高さん不昧の近じょ　みなみな同士ゃ　見事なことよ
行き先々花芽が咲いて　豊さん　文さん
なんだが縞の　坂尾がしんびょで
紅さんしがうれしき早織り　確かなきんにょ
おめぐりさまよと　からぐりさまよ
向こうの衆に渡いた〔角田タケさん・明治二十四年（一八九一）生〕

さて、江戸時代の同類を調べてみると、文化七年（一八一〇）刊の式亭三馬著『浮世風呂』二篇巻之上（女湯の巻）に出ていた。

大門口　あげ屋町

三浦高浦米屋の君　みなみな道中みごとなこと
ふりさけ見よなら　花紫　相がわ　清がわ
あいあい染がわ　錦合わせてたつたの川
あのせ　このせ　やっこのせ
向こう見いさい　新川見いさい　帆かけ舟が二艘つづく
あの舟におん女郎乗せて　こん女郎乗せて
あとから家形が押しかける　やれ止めろ　船頭止めろ
止めたわいらにかまうと　日が暮れる　お月は出やる
それで殿御のおん心　それ百よ　それ二い百よ　それ三百よ（中略）
とどめて一貫貸した　せんそうせん

少し下って天保初年（一八三〇）ごろ書かれた高橋仙果著『熱田手鞠歌』などにも同類は出ているが、ここでは省略する。石村春荘氏は、その著『出雲のわらべ歌』（一九六三年・自刊）で、「（江戸）吉原のおいらん道中の華やかさをたたえたもの」と述べておられる。案外そうであったかも知れない。当時の女の子のあこがれをうたっていたのであろうか。

私が日吉津村の大道さんや松江市の角田さんからうかがったのは、いずれも昭和五十九年（一九八四）のことであった。当時、大道さんは八十歳、角田さんも九十歳を越えておられたから、ご高齢だった。この歌もお二人よりも若い年代では、もう知っておられる方はないと断言しても大きな間違いはなさそうである。

初出発表書籍・新聞掲載紙など

◆民話編

金の犬こ　書き下ろし

鉈盗られ物語　「山陰の民話」第124回―松江川柳番傘　平成14年５月号

桃太郎　「山陰の民話」第49回―松江川柳番傘　平成８年２月号

金屋子さんと鍛冶屋さん　書き下ろし

閻魔の失敗　「山陰の民話」第５回―松江川柳番傘　平成４年６月号

ムスビを食べた地蔵　「山陰の民話」第45回―松江川柳番傘　平成７年10月号

蟹淵の主　書き下ろし

津井の池の蛇婿　「山陰の民話」第60回―松江川柳番傘　平成９年１月号

やさしい山姥　「山陰の民話」第122回―松江川柳番傘　平成14年２月号

旅人馬　「山陰の民話」第18回―松江川柳番傘　平成５年７月号

竜宮の鼻たれ小僧　「山陰の民話」第71回―松江川柳番傘　平成９年12月号

一斗八升の米　「山陰の民話」第99回―松江川柳番傘　平成12年４月号

化け物問答　「山陰の民話」第85回―松江川柳番傘　平成11年２月号

運の良い俄武士　「山陰の民話」第34回―松江川柳番傘　平成６年11月号

禅問答　「山陰の民話」第20回―松江川柳番傘　平成５年９月号

鶴の恩返し　「山陰の民話」第22回―松江川柳番傘　平成５年11月号

身代の上がる話　「山陰の民話」第98回―松江川柳番傘　平成12年３月号

八百比丘尼　「山陰の民話」第109回―松江川柳番傘　平成13年２月号

◆わらべ歌編

じいとばあ　えっと寝え（手遊び歌）　「島根のわらべ歌CD」解説書　出雲かんべの里　平成20年４月

ええこと聞いた（からかい歌）　「山陰のわらべ歌」第２回―朝日新聞・島根版　平成12年４月８日

ねんねん猫のけつに（子守歌）　「山陰のわらべ歌」第60回―朝日新聞・島根版　平成13年11月１日

向かい山　猿が三匹通る（子守歌）　『向かい山猿が三匹とおる』―石見の民話・民謡・わらべ歌―（ハーベスト出版）　平成21年４月
おはぎがお嫁に行くときは（手まり歌）　「山陰のわらべ歌」第46回―朝日新聞・島根版　平成13年５月26日
向こうの山で鹿が鳴く（子守歌）　「山陰のわらべ歌」第26回―朝日新聞・島根版　平成12年12月９日
あの山で光るものは（手まり歌）　「山陰のわらべ歌」第14回―朝日新聞・島根版　平成12年８月５日
こっから上の川上の（手まり歌）　「山陰のわらべ歌」第６回―朝日新聞・島根版　平成12年５月13日
このかかさんいつ来てみても（手まり歌）　「山陰のわらべ歌」第100回―朝日新聞・島根版　平成14年10月17日
次郎や太郎や（子守歌）　書き下ろし
下手の子供さん（手まり歌）　「山陰のわらべ歌」第５回―朝日新聞・島根版　平成12年４月29日
向こうの向こうのススキ原（手まり歌）　「山陰のわらべ歌」第139回―朝日新聞・島根版　平成15年９月25日
亥の子さんの夜さ（歳事歌）　「山陰のわらべ歌」第25回―朝日新聞・島根版　平成12年12月２日
トンビトンビ羽一本落とせ（動物の歌）　「山陰のわらべ歌」第45回―朝日新聞・島根版　平成13年５月19日
大寒小寒（自然の歌）　「山陰のわらべ歌」第35回―朝日新聞・島根版　平成14年12月５日
サイの神さん十五日（歳事歌）　「山陰のわらべ歌」第27回―朝日新聞・島根版　平成12年12月16日
お月さんなんぼ（自然の歌）　「山陰のわらべ歌」第55回―朝日新聞・島根版　平成13年９月29日
大門口から（手まり歌）　「山陰のわらべ歌」第７回―朝日新聞・島根版　平成12年５月20日

【索　引】

◆昔話編

◆わらべ歌編

あとがき

旧版の間違いを直しながら、旧版にはなかった二次元バーコード（ＱＲコード）で、半世紀以上前からの収録当時の音源を確認しつつ、本書を作っていった。

何といっても、このようにスマホなどでコードを読み取って開くことで、語り手や歌い手の生き生きとした話や歌が聴ける点に、本書の最大の特色があると自負するものである。このことは伝承者のみなさまもどこかで喜んでくださっているに違いないと信じている。

別な言い方をすれば、簡単に音声が聴ける本書の誕生は、出版革命と表現しても決して間違っているわけではない。そして一つ一つの話や歌につけた解説の詳細なことも、類書に引けを取らないはずである。そのような内容の本が中央ではなく山陰の片隅で誕生したことに、私たち関係者は誇らしく地方文化の発展と宣言したい。

また、本書の校正に当たっては今井出版担当者の、驚くべきキメの細やかな作業ぶりに、心から感謝している。著者と担当者の連係プレイのおかげで、こうした自信作になったことを宣言して擱筆したい。

酒井董美（ただよし）

【著者略歴】

酒井　董美（ただよし）　昭和10年（1935）生まれ。松江市出身。

　昭和32年（1957）島根大学教育学部中学二年課程修了。昭和45年（1970）玉川大学文学部卒業（通信教育）。島根県下の中学校・高等学校に勤務した後、大学に転じた。
　主として山陰両県の口承文芸を収録・研究している。平成11年（1999）、島根大学法文学部教授を定年退官、鳥取短期大学教授となり、平成18年（2006）退職。同年から24年まで出雲かんべの里館長。現在、山陰両県の民話語り部グループ育成に努めている。
　昭和62年（1987）第27回久留島武彦文化賞受賞（日本青少年センター）。平成20年度（2008）秋季善行表彰・青少年指導（日本善行会）。平成26年（2014）国際化功労者表彰（しまね国際センター）

主要著書（口承文芸関係）

　『石見の民謡』—山陰文化シリーズ19—西岡光夫氏と共著（今井書店）
　『島根のわらべ歌』尾原昭夫氏と共著（柳原書店）
　『鳥取のわらべ歌』尾原昭夫氏と共著（柳原書店）
　『山陰の口承文芸論』（三弥井書店）
　『山陰のわらべ歌』（三弥井書店）
　『ふるさとの民話』さんいん民話シリーズ・全15集（ハーベスト出版）
　『島根の民謡』—謡われる古き日本の暮らしと文化—（三弥井書店）
　『山陰のわらべ歌・民話文化論』（三弥井書店）
　野間義学『古今童謡を読む』尾原昭夫氏・大嶋陽一氏と共著（今井出版）
　『鳥取のわらべ歌』（今井出版）
　『山陰あれこれ』（今井出版）
　『海士町の民話と伝承歌』（今井出版）
　電子書籍『島根・鳥取の民話とわらべ歌』（22世紀アート）　　ほか多数

【イラスト作者略歴】

福本　隆男　昭和34年（1959）生まれ。島根県隠岐郡海士町出身。

島根県立隠岐島前高校卒業後上京。埼玉県三郷市在住。
以下の書籍のイラストを担当している
　萩坂　昇『四季の民話』（教育労働センター）
　NHK松江放送局制作「山陰の昔ばなし」
　酒井董美『島根ふるさとの民話』（㈲ワン・ライン）
　酒井董美『山陰のわらべ歌』（三弥井書店）
　酒井董美『ふるさとの民話』（さんいん民話シリーズ・全15集（ハーベスト出版）
　『日本海新聞』連載の「鳥取のわらべ歌」「鳥取の民話」（酒井董美執筆）
　『島根日日新聞』に連載の「島根の民話」（酒井董美執筆）　　ほか多数

山陰の民話とわらべ歌〔改訂版〕

2021年４月５日　発行

著　　者　酒井董美
発　　行　今井印刷株式会社
イラスト　福本隆男
発　　売　今井出版
印　　刷　今井印刷株式会社
製　　本　日宝綜合製本株式会社